FACULTÉ DE DROIT DE MONTPELLIER

DROIT ROMAIN

DE LA

RÉPRESSION PÉNALE

DU VOL

DROIT FRANÇAIS

DE LA

FAILLITE

DES

SOCIÉTÉS COMMERCIALES

THÈSE POUR LE DOCTORAT

PAR

GERMAIN BOYER

AVOCAT

LAURÉAT DE LA FACULTÉ

PARIS

LIBRAIRIE NOUVELLE DE DROIT ET DE JURISPRUDENCE

ARTHUR ROUSSEAU, ÉDITEUR

14, RUE SOUFFLOT, ET RUE TOULLIER, 13.

1887

THÈSE

POUR LE DOCTORAT

CHATEAUROUX. — TYP. ET STÉRÉOTYP. A. MAJESTÉ.

FACULTÉ DE DROIT DE MONTPELLIER

DROIT ROMAIN

DE LA

RÉPRESSION PÉNALE

DU VOL

DROIT FRANÇAIS

DE LA

FAILLITE

DES

SOCIÉTÉS COMMERCIALES

THÈSE POUR LE DOCTORAT

PRÉSENTÉE ET SOUTENUE LE 30 NOVEMBRE 1887

PAR

GERMAIN BOYER

AVOCAT

LAURÉAT DE LA FACULTÉ

PARIS

LIBRAIRIE NOUVELLE DE DROIT ET DE JURISPRUDENCE

ARTHUR ROUSSEAU, ÉDITEUR

14, RUE SOUFFLOT, ET RUE TOULLIER, 13.

1887

FACULTÉ DE DROIT DE MONTPELLIER

MM. VIGIÉ, doyen, professeur de code civil, et chargé du cours de notariat et d'enregistrement,

VALABRÈGUE, professeur de droit commercial, et chargé du cours de droit maritime,

BRÉMOND, professeur de droit administratif, et chargé du cours de droit constitutionnel,

GIDE, professeur d'économie politique,

LAURENS, professeur de code civil, et chargé du cours de code civil approfondi,

PIERRON, professeur de droit romain,

GLAIZE, professeur de procédure civile, et chargé du cours des voies d'exécution,

LABORDE, professeur de droit criminel, et chargé du cours de droit industriel,

GIRARD, agrégé, chargé d'un cours de droit romain, et du cours de Pandectes.

CHARMONT, agrégé, chargé d'un cours de Code civil.

CHAUSSE, agrégé, chargé du cours de droit international privé et du cours d'histoire du droit pour le doctorat,

X....., chargé du cours d'histoire du droit français,

GIRAUD, secrétaire.

PRÉSIDENT : M. LAURENS, professeur,

SUFFRAGANTS : { MM. VALABRÈGUE, professeur.
GIRARD, agrégé.
CHAUSSE, agrégé. } Assesseurs.

MEIS ET AMICIS

ÉTUDE

DE LA

RÉPRESSION PÉNALE DU VOL

EN DROIT ROMAIN

INTRODUCTION

L'évolution historique de la répression pénale du vol
part de la vengeance privée, pour arriver en passant par
le système des compositions légales à la répression par
l'État. Nous nous sommes efforcés de la mettre tout
particulièrement en lumière dans ce travail.

Les faits que nous aurons à exposer ont un caractère de généralité incontestable ; on les rencontre à la
base de tout le droit criminel ancien ; nous ne saurions
nous restreindre dans cette étude à l'examen des textes romains. Aussi ferons-nous de fréquentes excursions dans les législations des principaux peuples, dans
le but de comparer autant que cela nous est possible,
leurs mœurs juridiques et leurs institutions pénales à
celles du droit Romain.

Après avoir dit dans une première partie quels sont
les caractères du « *furtum* » à Rome, notre travail comprendra dans une deuxième partie, qui sera la principale, trois grandes divisions sous lesquelles nous exa-

1

minerons les diverses questions se rattachant à notre sujet.

Ces divisions correspondent, non pas à des périodes chronologiques bien tranchées, mais à trois étapes de la civilisation des peuples anciens.

Nous étudierons successivement en matière de vol : 1° le régime primitif de la vengeance privée ; 2° le système des compositions légales ; 3° la répression par l'État.

Il est impossible d'assigner une date précise au commencement et à la fin de chaque période. Elles empiètent les unes sur les autres. C'est ainsi par exemple que sous la loi des XII Tables, la vengeance privée n'a pas encore disparu, lorsque le régime des compositions légales existe déjà dans certains cas. De même l'exercice de la répression par l'État n'a pas complètement aboli le système des compositions légales.

PREMIÈRE PARTIE

Caractères essentiels du « furtum » à Rome.

Qu'est-ce que le vol en droit Romain ? C'est la question que nous devons nous poser dès l'abord ; et avant tout quelle est l'origine étymologique du mot « *furtum* » ? La question nous paraît offrir trop peu d'intérêt pour que nous nous y attardions. On trouve une série d'étymologies dans les Institutes (l. IV, t. ɪ, § 2) et au Digeste à notre titre (l. LXVII, t. ɪɪ) aussi probables les unes que les autres, on n'a en s'y reportant que l'embarras du choix [1].

La définition du vol généralement admise est du jurisconsulte Paul (h. t. D.) reproduite en termes presque identiques par Justinien dans ses Institutes (l. IV, t. ɪ, § 1). En faisant l'analyse de chacun de ses termes, nous arriverons à connaître les caractères et les élé-

---

[1]. Il existe une certaine analogie entre le mot latin « fur » et le mot grec « φωρ » qui tous les deux signifient voleur. « φωρ » génitif φωρός vient lui-même de « φερειν » (porter). (Voir le *Dictionnaire étymologique* de Bréal et Bailly, page 112).

Le mot « *furtum* » fut détourné de sa signification primitive « *fur* » et « *servus* » devinrent synonymes comme le prouve ce vers de Virgile :
« *Quid domini faciant audent cum talia fures* » (egl. III, v. 16).

Voler à Rome était, paraît-il, le propre des esclaves. Tacite appelle le « *furtum* » « *servile probum* » (*Hist.* I, 48). Un autre auteur « *servile vitium* » (voir l. 50, « *de pactis* », D.)

ments essentiels de notre délit. Cette définition est ainsi conçue : « *Furtum est contrectatio rei fraudulosa, lucri faciendi gratia, vel ipsius rei vel etiam usus ejus possessionisve quod lege naturali prohibitum est admitterre* ».

Les Institutes suppriment « *lucri faciendi gratia* », trouvant sans doute que la « *contrectatio* » est assez caractérisée par le qualificatif « *fraudulosa* ».

Il résulte de cette définition que la réunion de deux éléments est nécessaire pour qu'il y ait « *furtum* » ; un élément matériel, la « *contrectatio* » ; un élément moral « l'intention frauduleuse ».

CHAPITRE PREMIER

ÉLÉMENT MATÉRIEL

En règle, l'intention de voler à Rome ne suffit pas, « *sola cogitatio furti faciendi non facit furem* » (l. I, § 1, h. t. D.). Il faut en outre ce que les textes appellent la « *Contrectatio* ». « *Contrectare* » signifie tirer, attirer à soi, manier. La « *Contrectatio* » est tout acte matériel commis sur une chose pour arriver à se procurer un bénéfice auquel on n'a pas droit. Des textes classiques indiquent la nécessité de cette « *Contrectatio* », par exemple la loi 52 (§ 19, h. t. D.) « *neque verbo neque scriptura quis furtum facit, hoc enim jure utimur ut furtum sine contrectatione non fiat* ».

La nécessité de cette « *contrectatio* » était probablement plus absolue dans l'ancien droit que dans le droit plus moderne [1].

Cette conception matérielle d'une appréhension extérieure de la chose a dû précéder la conception plus idéale d'un vol purement intentionnel. C'est là un phénomène d'observation psychologique constant, le fait matériel, brutal, est ce qui tombe d'abord sous nos sens. Penser à interpréter et incriminer l'intention implique un état de civilisation plus avancé.

---

1. Voir de Ihering (*Esprit du droit Romain* traduit par O. de Meulenaere, 2ᵉ édit., t. III, p. 113).

M. Desjardins [1] cite, il est vrai, deux cas très particuliers où les anciens auteurs voyaient un vol en l'ab-
sence de tout maniement de la chose d'autrui.

a. La loi 66 (§ 2 h. t. **D.**) « celui qui appelle par dol
un muletier en justice est tenu « *furti* » si les mules ont
péri pendant ce temps. »

b. Le jurisconsulte Sabinus parle aussi d'une personne
condamnée pour vol pour avoir caché avec sa toge un
esclave fugitif.

Ce sont là deux solutions d'espèces, peut-être deux
opinions particulières, mais ce n'est rationnellement qu'à
une époque postérieure que l'on doit trouver l'affirma-
tion doctrinale de la possibilité du vol en dehors de
oute appréhension matérielle. Aulu Gelle (n. a. XI, 18,
§ 23) s'exprime à ce sujet comme s'il voulait affirmer
une idée nouvelle et non encore universellement reconnue « *meminisse debemus, furtum sine ulla quoque
attrectatione fieri posse, sola mente et animo, ut furtum
fiat, annitente.* »

Le pillage d'une hérédité n'est d'abord pas considéré
comme « *furtum* ». Pourquoi cela? parce que les choses
de l'hérédité n'appartiennent à personne, leur rapport
avec l'héritier futur est purement idéal. Il faut en effet
l'existence d'un double rapport pour qu'un acte de vol
soit punissable : rapport entre le voleur et l'objet volé;
et aussi entre l'objet volé et une personne qui a sur lui
un droit de possession ou de propriété [2]. Dans l'ancien
droit, quand ce double rapport n'était pas matériel, ne
frappait pas les sens, il n'y avait pas de « *furtum.* »

D'après M. de Ihering, c'est aussi en vertu de ce

1. *Traité du vol.* Paris, 1881, p. 78.
2. C'est pour cela qu'on n'admet pas le « *furtum* » des « *res nullius* »
ou des « *res derelictæ.* »

phénomène que le « *furtum usus* » est très probablement moins ancien que le « *furtum rei* ». « Pour abstraire, en effet, des parcelles idéales de la chose considérées comme une somme d'actes d'usage isolés, il faut être guidé par des notions moins matérielles que celles d'une époque primitive [1]. »

C'est cette prédominance absolue de la forme matérielle qui se retrouve encore dans la vieille action « *furti concepti* » [2] donnée contre la personne chez qui l'objet volé est découvert, même si elle est de bonne foi. Dans ce cas la « *contrectatio* » matérielle existe seule sans intention frauduleuse et suffit pour donner naissance au vol.

Le domaine du vol est beaucoup plus étendu à Rome que sous notre Code pénal. La « *contrectatio* » n'est pas la soustraction de l'article 379 (C. pén.). Nous trouvons en effet dans les textes des hypothèses de « *furtum* » qui, aux termes de l'article 408 (C. pén.), seraient chez nous des abus de confiance. La loi 52, § 7 (h. t. D.) notamment, donne « *l'actio furti* » contre le créancier gagiste qui, après avoir reçu le paiement de sa créance, ne rend pas les objets dont il était nanti. C'est bien là une espèce prévue chez nous par l'article 408 (C. pén) [3].

D'autres textes nous prouvent que les Romains punissaient comme coupables de « *furtum* », des personnes ayant commis des faits d'escroqueries aux termes de l'article 405 de notre Code pénal. La loi 44 (pr. h. t. D.) parle d'une personne tenue de l'action « *furti* » pour s'être faussement intitulée procurateur d'un créancier, et avoir

---

1. *Op. cit.*, t. III, p. 122.
2. Gaius, C. III, § 186.
3. Telles sont aussi les espèces prévues par la loi 52, § 16, § 73 (h. t. D.).

reçu du débiteur de l'argent à ce titre. La loi 52 (§ 11) vise le cas d'une personne chargeant un tisserand de remettre à un autre un fil de toile. Un passant surprend la conversation et se fait remettre le fil, il est passible de l'action « *furti* » d'après Labéon.

Plus loin (§ 12) nous trouvons encore que celui qui fait sortir de prison l'esclave fugitif d'autrui, comme lui appartenant, commet un vol [1]. De tout cela il résulte que les Romains voyaient un vol là où nous voyons « une usurpation de qualité pour arriver à escroquer tout ou partie de la fortune d'un individu » (Art. 408, c. pén. F.).

---

1. Conforme le § 21 (même loi) l. 80, § 6, etc... L'énumération serait longue et inutile.

CHAPITRE II

ÉLÉMENT INTENTIONNEL (FRAUDE)

Le « *furtum* » n'existera que si la « *contrectatio* » que nous venons d'étudier est « *fraudulosa* ». C'est là, on peut le dire, l'essence de tout délit. Sans intention frauduleuse pas de responsabilité, et partant, pas de culpabilité. Cette idée qui semble aujourd'hui naturelle, n'était pas admise et reconnue vraie au début du droit romain. Pour la rendre familière, il a fallu destituer l'œil de son office ; « remplacer l'apparence, le point de vue de la causalité externe du fait, par celui de la causalité interne de la culpabilité ». Pendant toute cette période que M. de Ihering « *De la faute en droit privé* » [1] appelle : « la période de la passion dans le droit » [2]. On ne se préoccupait pas de l'élément intentionnel de culpabilité ; on était en présence d'un mal souffert, d'une injustice coupable ou non coupable, peu importe. On appréciait le fait, sans remonter à la cause, on réagissait contre le mal causé, et on en punissait l'auteur même inconscient. C'est là la base de ces procès faits à des êtres inanimés, dont on trouve des exemples non seulement à

1. Traduction Meulenaere. Paris, 1880.
2. Nous aurons à en parler plus longuement en nous occupant de la vengeance privée.

Rome, mais dans toutes les lois barbares ; et de toute la
théorie des actions noxales en matière de dommage
causé par les animaux[1]. Ces idées dominent tout le droit
primitif. Nous en trouvons particulièrement en notre
matière un exemple dans « *l'actio furti concepti* », que
nous venons de mentionner, donnée contre des innocents. Chez elle, l'intention frauduleuse fait défaut, la
notion de responsabilité y est inconnue. La loi des XII
Tables punissait même le vol des impubères, d'une peine
moins forte, il est vrai, mais sans examiner ni leur ma-
turité d'esprit, ni leur responsabilité[2].

Chez nous, nous voyons encore, comme reste de ces
vieilles idées, punir l'homicide par imprudence. On in-
crimine dans ce cas une simple négligence, l'intention
coupable fait défaut.

Ces idées doivent disparaître, lorsque l'éducation des
peuples se développe. Le jugement conquiert alors son
empire sur la passion, et à l'époque des juristes classiques, l'élément intentionnel, que beaucoup de textes appellent en matière de vol « *animus* ou *affectus furandi* »,
doit exister dans tous les délits. Notre vieille action « *furti
concepti* » subsiste bien encore, reste d'une civilisation disparue. Gaius (C. III, § 191) Paul (S. r. II, 31, § 5,
§ 14) la mentionnent, mais déjà un rescrit de Sévère et
Antonin (L. 8, C. II, 12) désigne le jugement basé sur
cette action comme « *durior sententia* ». Elle est destinée
à disparaître à bref délai. On mit alors à sa place le principe « *quod omnes qui scientes... celaverint obnoxii sunt* »
(Inst. l. 4, t. I, § 4, « *in fine* »). Donc, à l'époque classique

---

1. Voir *l'Etude sur les actions noxales* de M. P.-F. Girard. — *Nouvelle
revue historique de droit*. Juillet-août 1887.

2. Voir Faute en droit privé, p. 14, et les documents auxquels de
Ihering renvoie.

il n'y a pas de « *furtum* » sans intention de nuire. Il résulte de là des conséquences intéressantes que nous allons développer.

a. Il n'y aura pas « *furtum* », si l'individu a agi sous l'empire d'une erreur de fait ou de droit.

De fait. — Un individu (l. 43, h. t. D.) trouve une chose qu'il croit à tort être « *res derelicta* », il la garde, il ne commettra pas de « *furtum* ».

De droit. — (Inst. II, 6, § 5). Un usufruitier s'approprie le part de la femme esclave, il le vend ou le donne, croyant que c'est un fruit, « *furtum non committit; furtum enim sine affectu furandi non committitur* ». Gaius (C. II, § 50) cite en outre comme exemple d'erreur de droit, le fait de l'héritier qui vend la chose prêtée, ou louée au défunt, ou déposée chez lui, croyant qu'elle fait partie de l'hérédité [1]. Il en est de même de celui qui appréhende de bonne foi la chose d'une personne que l'on croit morte, et qui est vivante [2] (l. 83, *pr*. h. t. D.)

Dans la loi 52 (§ 20, h. t. D.) d'Ulpien, nous voyons encore que celui qui fait entrer l'âne d'autrui dans son écurie « *feturæ causa* » ne commet pas de « *furtum* », s'il n'a pas « *l'animus furandi* ». L'énumération de toutes les espèces de ce genre offrirait peu d'intérêt. Nous nous contenterons d'en signaler une dernière dans laquelle Paul et Ulpien donnent des solutions différentes. Celui qui enlève l'« *ancilla* » d'autrui « *libidinis causa* » commet un « *furtum* » dit Paul (S. h. t., § 11), si elle est « *meretrix* », et même si elle ne l'est pas (l. 82, § 2, h. t. D.). Ulpien enseigne le contraire lorsqu'elle est « *meretrix* », seul cas qu'il examine (l. 39, h. t. D.); car, dit-il, ici, le but n'est

1. Même cas, « *Institutes* » (II, 6, § 4).
2. Nous retrouvons encore une autre espèce dans la loi 3 (C. h. t.).

pas de commettre un « *furtum* », mais de donner libre carrière à ses instincts amoureux.

On voit par ces deux derniers exemples que si l'intention de lucre se rencontre dans la plupart des cas, elle n'est pas une condition essentielle du vol. Dans la loi 52, nous voyons un profit possible qui peut s'évaluer en argent, en faveur du propriétaire de l'écurie, et pourtant Ulpien ne reconnaît pas de « *furtum* ». Paul en voit un au contraire dans notre dernier exemple où l'idée de bénéfice fait défaut.

b. Il n'y aura pas de vol si le détournement de l'objet est commis avec l'assentiment du propriétaire. « *Volenti non fit injuria* ». La solution reste vraie même, nous dit Gaius (C. III, § 198), « *si credat aliquis invito domino se rem contrectare, domino autem volente id fiat, dicitur furtum non fieri* ». Il expose ensuite l'espèce célèbre de l'esclave que Titius pousse à voler son maître. Le maître averti, dit à l'esclave d'accomplir le fait, pour arriver à prendre Titius en flagrant délit. Dans ce cas, d'après Gaius, il n'y aura lieu ni à l'action « *furti* », car le propriétaire a consenti au vol, ni à l'action « *servi corrupti* », car l'esclave ne s'est pas laissé corrompre. Cette décision est logique, mais Justinien, choqué par ses conséquences, donne aux Institutes les deux actions (IV, I, § 8). Il assimile ainsi, pour ce cas, la tentative au fait accompli.

Le faux procurateur qui reçoit un paiement commet un « *furtum* » d'après Ulpien (l. 43, § 1, h. t. D.). Pourtant ce jurisconsulte nous rapporte à ce sujet une opinion de Neratius, d'après laquelle le « *furtum* » n'existe en l'espèce que si le débiteur a donné les deniers avec mandat de les remettre au créancier ; car alors le débiteur a entendu ne transférer la propriété qu'au créancier. Si au contraire le débiteur a voulu transférer la propriété au procurateur ce dernier ne commet pas de « *furtum* », car il ne peut pas voler sa propre chose [1].

c. La nécessité de l'intention frauduleuse, fait que l'insensé reste indemne à l'époque des Juristes classiques. Son fait, comme celui de l'animal, est un événement de la nature extérieure comme la chute d'une pierre. La loi 5 (§ 2, « *ad legem Aq.* » 9, 2, **D.**) nous le dit pour le délit de la loi Aquilie, et il en était certainement de même en matière de « *furtum* ». Mais celui qui avait à veiller sur l'insensé, sera responsable de ses actes (l. 14, *in fine*, I, 18, **D.**). Il en est de même pour les enfants même « *pubertatis proximi* » c'est-à-dire après sept ans ; leur responsabilité en matière de vol semble bien, d'après la loi 23 (h. t. **D.**), être laissée à la libre appréciation du juge, chargé d'examiner s'ils sont ou non « *doli capaces.* »

---

1. On peut voir encore les lois 43, § 3 ; 52, § 15 (h. t. **D.**).

CHAPITRE III

LA RES

a. La « *contrectatio fraudulosa* » doit porter sur une
« *res* » pour donner naissance à un « *furtum* ». Nous ajoute
rons même, que la « *res* » doit être « *mobilis* » ou susceptible de le devenir par le fait du vol (l. 25, § 2, h. t. D.).
Le vol peut porter ainsi sur des arbres que l'on coupe,
sur des fruits que l'on détache.

Le vol à Rome ne peut porter que sur des meubles.
De nombreux textes des Juristes classiques l'indiquent.
Telle n'était pas la doctrine du vieux droit. Un texte
d'Aulu Gelle qui rapporte l'opinion de Sabinus, nous
prouve qu'à l'origine le vol d'immeubles était admis.
Nous y trouvons... « *sed fundi quoque et ædium fieri
furtum...* » (A. G. n. a. XI, 18, § 13).

Labéon, contrairement à Celse, n'était pas de cet avis,
nous dit Ulpien (l. 25, h. t. D.), en repoussant le vieux
principe comme contraire à l'opinion générale. Gaius,
plus affirmatif, nous dit (C. II, § 51 *in fine*)... « *cum improbata sit eorum sententia qui putaverint furtivum
fundum fieri posse* » [1].

M. Desjardins justifie l'existence du principe dans le
vieux droit, en disant que, probablement, la possession

---

1. Voir aussi Justinien (*Inst.* II, 6, § 7, *in fine*).

des immeubles n'était pas assez protégée. Les préteurs n'avaient pas encore établi des interdits [1].

b. Pour pouvoir être volée, la « *res* » doit être en la propriété ou en la possession de quelqu'un. De là il résulte :

1° Que les choses hors du commerce, les « *res sacræ* », ne peuvent pas être volées [2]. La loi 3 au Code (h. t.) le prouve « *a contrario* ». Elle est ainsi conçue : « *Si nondum rem templo divino dedicatam vitricus tuus furto abstulit, habes adversus eum furti actionem* ». Il en est de même des « *res derelictæ* » (l. 43, § 5, h. t. D.) et des « *res nullius* » (l. 26 *pr. eod*).

2° Les hommes libres ne peuvent pas, en principe, être l'objet d'un « *furtum* » ; à moins nous dit Gaius (C. III, § 199) qu'ils ne soient des individus « *alieni juris* », des enfants en puissance, des femmes « *in manu* », des « *judicati* » ou des « *auctorati* » [3].

3° Celui qui trouve un trésor et se l'approprie, ne commet pas de « *furtum* ». Il n'en est pas de même de l'inventeur d'objets enfouis dans une pensée d'avarice, de prudence ou de crainte ; car, dans l'espèce, le propriétaire n'a pas entendu abdiquer ses droits (l. 31, § 1, *de adq. rer. dom.* 41,1 D.)

4° En matière de choses héréditaires fallait-il s'attacher à la propriété ou à la possession pour que le vol soit possible ? Il semble résulter d'un texte de Gaius (C. III, § 201) que le vol, s'il s'agissait d'un héritier nécessaire, pouvait être commis dès que la chose avait un pro-

1. *Op. cit.*, pages 68, 104.
2. L. 16, § 4 (*de pœnis*, 48, 19 D.), on commet dans ce cas un sacrilège.
3. Les « *Judicati* » étaient des débiteurs condamnés à payer, et détenus chez leurs créanciers, tant qu'ils n'ont pas exécuté la condamnation. « *Auctoratus* », individu gagé pour combattre comme gladiateur (Demangeat, *Cours*, t. II, 2ᵉ édit., p. 382).

priétaire. Mais en face d'un héritier externe, le vol n'é-
tait pas possible sans possesseur. Bien que l'héritier soit
devenu propriétaire par l'adition il fallait qu'il ait pris
possession [1].

On a donné plusieurs raisons pour expliquer comment on pouvait ainsi s'emparer des « *res hereditariæ* »
sans commettre un « *furtum* ».

Nous trouvons d'abord une raison philosophique [2]. La
nécessité de l'élément matériel dans les délits dominait
exclusivement tout l'ancien droit. Or, ici, il n'y a pas de
rapport matériel, palpable, entre les « *res hereditariæ* »
et l'héritier, tant que celui-ci n'a pas pris en fait possession de la succession, ou s'il n'existe pas d'héritier nécessaire (G. C. III, § 201, *d'après la lecture de Studemund*).
Le détournement ne sera punissable que si la chose héréditaire avait été donnée en gage, ou prêtée en com-
modat, ou soumise à l'usufruit d'autrui (ll. 68,69
h. t. D.). Dans ces espèces, en effet, il y a quelqu'un qui
possède.

On donne souvent une raison d'ordre purement juridique basée sur l'existence de l' « *usucapio lucrativa pro
herede* ». On dit que cette usucapion n'aurait jamais pu
avoir lieu si le « *furtum* » en l'espèce avait été possible,
car à Rome la res « *furtiva* » ne pouvait jamais être usuca-
pée [3]. Mais ce n'est pas pour permettre, dans un but d'utilité pratique, l' « *usucapio pro herede* » qu'on a décidé la
non-furtivité des choses héréditaires. C'est la nature même

1. M. Desjardins développe un texte de Cicéron, qui pourrait faire
croire à l'existence d'une opinion contraire dans l'ancien droit. Mais
le texte est trop vague pour être probant. Tout repose sur ce membre
de phrase « *Quod furtum antea factum esset* » (Desjardins, *op. cit.*,
p. 76).

2. Voir *Supra*, et de Ihering (*op. cit.*).

3 Notamment Desjardins, *op. cit.*, p. 76.

de ces choses « *res nullius* », avant l'adition de l'hérédité déférée à l'héritier externe, qui s'oppose à leur furtivité, et entraîne comme une conséquence naturelle la possibilité de « l'*usucapio pro herede* ». On invoque enfin des raisons d'ordre religieux et d'intérêt privé. Il fallait assurer l'observation des « *sacra privata* », et favoriser l'intérêt des créanciers (G. C. II, § 55).

Avec le progrès de la civilisation, on fut choqué de ces résultats iniques. Il était injuste, en effet, qu'il fût permis de voler une hérédité, sans être un voleur. Hadrien, le premier, commença à détruire les vieux principes, en empêchant l' « *usucapio lucrativa pro herede* » [1], quand la succession était réclamée par un héritier légitime, ou un successeur prétorien ; et Marc-Aurèle achevant l'œuvre, établit le « *crimen expilatæ hereditatis* », pour punir dans tous les cas le voleur des choses héréditaires.

---

1. Gaius (C. II, § 54) constate la transformation « *olim ipsæ hereditates, usucapi credebantur... postea creditum est ipsas hereditates, usucapi non posse* ».

CHAPITRE IV

VARIÉTÉS DE « FURTUM »

Il existait à Rome diverses espèces de « *furtum* ». On pouvait porter atteinte, soit à la pleine propriété de la chose, soit à son usage, soit à sa possession ou à sa détention. De là le « *furtum rei, vel usus, possessionisve* », et nous ajouterons « *vel detentionis* ». Ces diverses variétés de vol, niées par un auteur allemand Vangerow [1], nous sont formellement indiquées par notre définition [2].

a. « Furtum rei ». — Le « *furtum rei* » est tout acte de maniement frauduleux commis par un tiers sur la chose d'autrui, pour se mettre vis-à-vis d'elle dans la situation du véritable propriétaire. C'est là le vol ordinaire et normal ; les exemples cités par les textes sont innombrables. Il serait trop long de les examiner tous. Nos cas modernes de vol, d'escroquerie et d'abus de confiance, rentrent dans cette espèce. On le commet toutes les fois que l'on fait sur la chose d'autrui un acte de propriété. C'est par exemple le cas visé par la loi 68 (h. t. D.). Dépositaire d'un anneau, je le passe à mon doigt, avec l'intention de le garder, j'intervertis ma possession, et je commets un « *furtum rei* ». C'est le fermier qui perçoit les

1. Voir Desjardins (*op. cit.*, p. 79, note).
2. *Inst.* IV, 1, § 1. — L. 1, § 2, h. t. D.

fruits après l'expiration du bail (l. 67, § 5, h. t. D.) ou enlève clandestinement les fruits devant servir de gage à la
« *merces* » (l. 61, § 8, h. t. D.). C'est encore une personne
profitant de l'erreur d'une autre, pour se faire transférer
par elle la propriété d'une chose (l. 43 *pr.* et § 1 ; l. 44
pr. ; l, 80, § 6, h. t. D.). C'est le faux créancier, le faux
procurateur. C'est celui qui achète avec de fausses ba-
lances (l. 52, § 22, h. t. D.) [1].

On commet un « *furtum* » par le seul fait de se faire remettre un esclave fugitif, ou de le cacher. Ici le « *lucri
faciendi gratia* » fait encore défaut [2]. Enfin on commet
un « *furtum rei* » en altérant l'écrit d'autrui [3].

b. « *Furtum usus* ». — On commet un « *furtum usus* »
quand, sans avoir l'intention de s'approprier l'objet, on
le fait servir à un usage auquel on n'a pas droit ; on le dé-
tourne de la destination prévue. C'est le cas du gagiste
ou du dépositaire qui se servent de la chose. Ils outrepas-
sent les droits que leur donne un contrat régulier de
dépôt ou de gage.

C'est aussi le cas du commodataire, qui se sert de
la chose autrement que d'après la convention de prêt. On
loue un cheval pour aller jusqu'à la ville prochaine [4], et
on l'amène au combat. On emporte avec soi en voyage

---

1. Voir l. 1, § 2 ; l. 46, § 6, pour l'usufruitier (h. t. D.). — L. 13, § 18, *de
adq. vel amit. poss.* 41,2 D. — Voir aussi l. 7, C. h. t. — L. 22, § 7 ; l. 17,§ 1 ;
l. 52, § 16 ; l. 73 (h. t. D.). — LL. 6, 16, C. h. t. — Inst. II, 6, § 3, *in fine.*
2. L. 52, § 12 ; l. 36, § 2 ; l. 48, § 2 (h. t. D.). — G. III, § 200. — L. 48,
C. h. t. — Térence, l'*Eunuque*, acte IV, sc. XVIII, v. 808.
3. L. 27, § 3 ; l. 31, § 1 ; l. 52, § 23 (h. t. D.).
4. C'est l'exemple de Valère Maxime qui est reproduit aux « *Institutes* »
et dans Gaius. Seulement Valère parle d'un cheval loué pour aller à
Aricie, et on dépasse le but. Les « *Institutes* » et Gaius parlent d'un cheval
amené au combat (aciem). Il y a là probablement une faute des copistes
de Gaius reproduite par Justinien (*Inst.* IV, 1, § 6. — G. c. III, § 196).
C'est l'opinion de Huschke (« *jurisprudentia ante justiniana* », p. 333).

l'argenterie prêtée pour donner un festin à ses amis (*Inst.* IV, 1, § 6 ; G. C. III, § 196).

Le foulon et le raccommodeur se servent des vêtements par eux reçus pour les réparer et les nettoyer. Ils commettent un abus d'usage qui est un « *furtum usus* » (l. 82 *pr.*, h. t. D.).

c. « *Furtum possessionis* ». — Le « *furtum possessionis* » est commis par le propriétaire sur sa propre chose, lorsqu'il l'enlève à quelqu'un qui la possède et a intérêt à la garder. Paul nous dit (S. h. t. § 36) « *qui rem suam furatur ita demum furti actione non tenetur, si alteri ex hoc non noceatur.* »

Ce « *furtum* » est commis par celui qui soustrait sa chose donnée en gage, ou la vend à un tiers après l'avoir engagée sans la livrer (G. C. III, § 200, § 204. Paul S. h. t. § 19 ; *Inst.* IV, 1, § § 10 et 14), par celui qui donne de l'or le redemande et y substitue du cuivre (l. 20 *pr.*, h. t. D.). Par le propriétaire qui enlève sa chose à l'usufruitier ou au possesseur de bonne foi (l. 20. § 1 ; l. 15, § 1 h. t. D. ; G. C. III, § 200).

d. « *Furtum detentionis* ». — Il y a enfin une quatrième espèce de « *furtum* », le « *furtum detentionis* » que pourrait commettre le propriétaire en enlevant la chose déposée au dépositaire, qui a sur elle un droit de rétention (L. 15, § 2, h. t. D.).

Ordinairement, les Romains ne punissaient pas la tentative en matière de « *furtum* » (Paul. S. II, 31, § 36 ; l. 21, § 7, h. t. D.).

Appendice. — Nous devons maintenant examiner une question intéressante ; c'est celle de savoir si la sphère du vol fut plus étendue dans le vieux droit romain qu'à l'époque des juristes classiques.

M. de Ihering (*Faute en droit privé*, p. 37 et suiv.) établit

une théorie générale en vertu de laquelle le délit était
le point de départ de tous les rapports à l'origine. Peu
à peu, avec les progrès de l'éducation juridique, certaines actions considérées originairement comme actions
de délit s'élèvent au rang de demandes réipersécutoires.
Les rapports se transforment, de délictuels ils deviennent
contractuels. Cette évolution se constate dans les cinq
actions « *mandati, rationibus distrahendis, depositi, pro
socio, fiduciæ* », et aussi dans la vieille « *actio auctoritatis* » en matière de vente [1]. Il est en effet certain, d'a-
près M. de Ihering, que dans le très ancien droit ces
actions ne passaient pas contre les héritiers ; or, la non-
transmissibilité des actions constitue, à n'en pas douter,
le caractère délictuel [2]. Au milieu de cette transformation, certains rapports conservent pourtant l'élément primitif de faute et de délit. C'est ce qui se produit pour le
« *furtum* ». D'autres accueillent cet élément plus tard : par
exemple le délit de la loi Aquilie et les délits prétoriens.

Cette théorie cadre bien avec les principes du droit
primitif, où, pour l'appréciation du délit, on ne tenait
compte ni de la bonne foi ni de la culpabilité, mais seulement du ressentiment de la victime.

Elle s'appuie aussi sur certains textes. Un texte de
Paul, notamment, relatif au dépôt (*Sent. rect.* II, 12,

1. Voir sur la non-transmissibilité de cette action et son caractère
pénal, l'*Etude sur la garantie d'éviction*, de M.[P.-F. Girard, Paris, 1884
page 37.

2. M. de Ihering dit : « Dans tous les rapports qui ont fait l'objet de
notre étude, l'idée de la force obligatoire du rapport lui-même n'a pu
se faire jour qu'après avoir dépouillé la forme du délit. Ce n'est point
là un fait isolé de l'histoire des obligations à Rome. L'évolution qu'y
accomplit la notion du droit, passant de la forme subjective à la forme
objective, est un phénomène qui se reproduit souvent dans toutes les
législations. » (*Faute en droit privé*, p. 41).

§ 11 [*Collatio*, 10, 7, § 11]). « *Ex causa depositi lege
XII Tabularum in duplum actio datur, edicto pretoris
in simplum* ». Cette action au double, en matière de dépôt, est bien certainement une action délictuelle. D'au
tres textes nous parlent aussi de « l'*actio de rationibus
distrahendis* », qui a dû précéder « l'*actio tutelæ* » (Try-
phoninus, l. 55, § 1, 26,7. — Paul, l. 2, § 2, 27, 3. D.).

Après avoir établi son système, que nous adoptons,
M. de Ihering en déduit des conséquences exagérées. Il
voit dans toutes ces actions, délictuelles à l'origine, non
des actions de délits spéciaux, mais des variétés de l'action « *furti* ». Par exemple, « l'*actio depositi* » au double,
dont parle Paul, n'était autre chose, jadis, que la peine
du double du « *furtum nec manifestum* » [1]. De telle sorte
que, pour lui, la sphère du vol, dans le très ancien
droit, aurait été beaucoup plus étendue que dans le droit
plus récent.

M. Girard, dans son étude sur la garantie (page 38), a
réfuté d'une façon topique cette opinion, en examinant
des définitions techniques du « *furtum* » prises dans les
jurisconsultes classiques, qui toutes parlent d'une « *contrectatio rei alienæ* faite *invito domino* » [2]. Or, à l'époque
où écrivaient ces juristes, la nécessité d'une « *res aliena* »
pour qu'il y ait « *furtum* » n'existait pas (*Inst.* IV, 1, § 1).
Dès lors, pourquoi ces juristes auraient-ils donné des

---

1. *Esprit du droit Romain*, t. I, p. 159 ; t. III, p. 229 ; t. IV, p. 13.

2. Gaius, III, § 195, « *Furtum autem fit non solum cum qui interci-
piendi causa rem alienam amovet, sed generaliter cum quis, rem alienam invito domino contrectat* ».

Paul, S. II, 31, § 1 « *Fur est qui dolo malo rem alienam contrectat* ».
« *Institutes* », IV, 2, pr. « *qui res alienas rapit tenetur furti : quis
enim magis alienam rem invito domino contrectat quam qui vi rapit* ».
A. G. XI, 8, § 20 (paroles de Sabinus).... « *Qui alienam rem attrec-
tabit, cum id se invito domino facere judicare deberet, furti tenetur* »·

définitions inexactes de leur temps? On ne peut expliquer cette anomalie qu'en voyant là de vieilles définitions
traditionnellement conservées par eux. Donc, dans le
vieux droit, pour qu'il y ait « *furtum* », une « *contrectatio* »
« *rei alienæ* » faite « *invito domino* » était nécessaire. S'il
fallait une «*res aliena* », le « *furtum possessionis* » n'existait pas encore. Nous avons vu en effet que ce genre de vol
est commis par le propriétaire lui-même sur sa propre
chose. Le « *furtum usus* » n'existait probablement pas non
plus, de l'aveu même de M. de Ihering, qui admet,
comme nous l'avons vu, que « pour abstraire des parcelles idéales de la chose considérées comme somme
d'actes d'usage isolés, il faut être guidé par des notions
moins matérielles que celles de l'époque primitive »
(*Esprit du dr. r.* t. III, p. 122). Enfin, peut-être aussi,
si l'on adopte l'opinion de M. Ubbelohde [1], l'abus de confiance n'était en aucune façon, sous la loi des XII Tables,
assimilé au vol [2].

Il reste donc acquis que le « *furtum rei* » existait seul
dans le vieux droit, et par conséquent le domaine du
vol était bien moins étendu qu'à l'époque des juristes
classiques.

1. « *Die Geschichte der benannten Real-contracten* ».
2. *Conf.* l. 17, *pr.*, h. t. D. — L. 55, § 1, XXVI, 7 D.

DEUXIÈME PARTIE

Répression pénale du vol

CHAPITRE PREMIER

PÉRIODE DE LA VENGEANCE PRIVÉE

Aujourd'hui chez nous, et chez tous les peuples civilisés modernes, les faits de l'homme qualifiés crimes ou délits sont considérés comme portant atteinte à l'ordre social. Ils produisent un trouble que l'État gardien de la société a le droit et le devoir de réprimer. Cette notion qui nous est familière n'a pas été reconnue de tout temps. Les peuples primitifs n'ont pas toujours eu l'idée de cette justice publique. Avant d'en arriver à cette conception moderne, ils ont dû traverser, au cours de leur développement, des phases correspondant à des étapes différentes de leur civilisation.

Nous allons pouvoir constater, en étudiant notre matière, toute cette évolution du droit criminel, qui part de la vengeance privée, dans ce qu'elle a de plus brutal, de plus matériel, de plus déréglé, pour arriver peu à peu, par le système des compositions facultatives d'abord, légales ensuite, à la répression par l'État. Jusqu'à cette dernière période, le « *furtum* » conserve le caractère de « *delictum privatum* ». La partie lésée a seule le droit de poursuivre l'auteur du mal, pour arriver à se faire payer la composition.

Tant que l'État n'a pas été assez fort pour réprimer lui-même le délit ; tant que le système des compositions a existé, on est encore sous le règne de la vengeance privée. Seulement quand la composition devient légale, la vengeance est réglée par l'autorité supérieure ; elle a perdu sa rigueur primitive.

Au début de la vie sociale, la composition se présente d'abord comme facultative. Elle n'est qu'une transaction un traité de paix entre belligérants. Le taux en est réglé à l'amiable, ou par arbitres, suivant les circonstances. C'est avec ce caractère qu'elle nous apparaît dans Homère. Le principe est écrit sur le bouclier d'Achille. Homère nous montre deux hommes plaidant l'un contre l'autre, pour savoir si la rançon du meurtre a été ou non acquittée par celui qui l'avait commis

Δύο δ᾽ανδρας ένείχεον ποίνῆς ανδρός άποφθίμενου
(Iliade, ch. 18, vers 498)

Cette phase, et celle de la vengeance privée que nous étudions se confondent. On ne voit pas encore là l'intervention de l'État. Elle commence à se faire sentir seulement, lorsque l'État est assez fort, pour imposer un tarif de compositions obligatoires, que la partie lésée n'a pas le droit de dépasser.

On constate cette évolution, non seulement à Rome, mais chez tous les peuples de l'antiquité. On trouve chez tous, à l'origine de leur développement, le système de la vengeance en vigueur dans sa forme la plus rigoureusement privée la plus féroce. C'est la période « de la passion dans le droit ». Elle est caractérisée par le défaut de discernement entre l'injustice coupable et la non coupable. Toute injustice est considérée comme un délit, et réclame une expiation. L'équilibre qui doit exister entre la gravité de la peine, et le degré de la faute, ne prévaut pas chez les peuples primitifs. En présence du mal subi chacun se venge où et comme il veut, sans connaître d'autre frein imposé à sa vengeance que l'intensité de son ressentiment. La douleur, c'est là un phénomène certain d'observation psychologique, gouverne souverainement le sentiment juridique de l'individu inculte. En présence du mal souffert, il se produit un mouvement involontaire de réaction contre la cause même innocente de cette douleur. Ce mouvement qui s'analyse en désir de vengeance se manifeste facilement par des actes extérieurs. C'est une force brutale, qui se détend presque machinalement. Toute idée de responsabilité, d'imputabilité lui est étrangère. L'injustice est appréciée subjectivement, d'après l'effet, non d'après la cause.

Ce qui est vrai pour l'individu, l'est aussi pour les peuples à l'origine. C'est le fondement juridique de toute la théorie des délits privés, et par conséquent du « *furtum* » qui est le plus important.

Cette première phase, presque préhistorique, n'admet ni procédure, ni peines, ni délit.

Cette vengeance brutale qui s'exerce même sur des objets inanimés, a dû de très bonne heure, trouver un premier frein dans les idées religieuses. La notion de délit considéré comme une offense faite à la divinité, est peut-être le premier germe du droit pénal objectif. Les premières peines eurent très probablement un caractère d'expiation sacrée[1]. « *Le jus sacrum* » a pendant

---

1. Voir Padelletti : « *Storia del diritto Romano* » (Firenze, 1878) capo VIII

longtemps conservé son influence à Rome[1]. On en a
un exemple frappant dans la vieille peine de la « *sacratio
capitis et bonorum* ». C'était, d'après M. Padelletti, le plus
grave châtiment que pût encourir un citoyen. Sous le
coup de cette malédiction redoutable, l'individu pouvait
être tué impunément, et ses biens faisaient retour à la
divinité offensée.

Mais déjà à l'époque royale et à celle de la loi des XII *Tables*, la « *Sacratio* » n'a plus que des conséquences morales
sans effet civil[2]. Les peines civiles commencent à remplacer peu à peu les expiations religieuses. La Juridiction du
collège des Pontifes est restreinte dans d'étroites limites.

Telle n'était probablement pas, à l'origine, la peine
qui pouvait frapper le voleur, car les Romains ne consi-
déraient pas comme un outrage aux dieux toute injustice, ou toute faute qui méritait la vengeance individuelle ou populaire, ou qui donnait lieu au droit de
punir du Roi. Le *voleur*, le brigand, n'avaient offensé
que des hommes, c'étaient les hommes qui poursui-
vaient le châtiment, les dieux n'intervenaient point[3].

Nous avons dit que cette période primitive de la vengeance privée, n'était point du tout spéciale à Rome.
Nous verrons même en consultant bientôt le premier
document juridique qui soit à notre disposition, c'est-à-
dire la loi des XII Tables, que déjà à cette époque le
droit Romain avait fait franchir cette première étape à

---

p. 78 et suiv. « Il diritto penale di ogni popolo ha avuto origine dalla
privata vendetta e dalla espiazone sacrale. »

Voir aussi de Ihering. *Esp. du Dr. R.* t. I, p. 277 et suiv.

1. *Op. cit.* Capo VIII.

2. *Cod.* Note 1 al capo VIII.

3. De Ihering. *Esp. du Dr. R.* t. I, p. 277.

Summer-Maine. *L'Ancien Droit* (traduit par Courcelle-Seneuil, Paris,
1874), p. 352.

certains vols moins graves que d'autres, ou le désir de
se venger devait être moins intense, et pour lesquels
l'État avait pu facilement arriver à imposer sa médiation.

Mais les vestiges de cette époque de transition nous
donnent le droit d'affirmer le règne exclusif de ces
idées primitives et brutales dans une époque antérieure. Il est intéressant, auparavant, de parcourir plusieurs législations, pour établir historiquement que ce
phénomène d'observation a un caractère de généralité
incontestable.

M. Dareste l'a bien mis en lumière, dans une série
d'articles que le *Journal des savants* a publiés [1]. D'abord
dans une analyse d'un ouvrage de M. Thonissen [2], il répond à M. Pardessus qui avait constaté, comme une particularité, l'existence de la vengeance privée chez les
Germains, et dit. « Une vérité démontrée aujourd'hui
dans l'histoire du droit primitif, c'est que partout la
vengeance privée a été la plus ancienne pratique, et
que le premier pas du droit pénal a été l'introduction
des compositions. Les Germains donc n'ont pas inventé
ce système, avant eux, les Athéniens l'avaient écrit dans
leurs lois. C'était le droit commun des populations Cel-
tiques, comme on le sait aujourd'hui, à n'en pas douter,
grâce à la publication toute récente des anciennes lois
Irlandaises. Les plus anciens monuments du droit Russe
ne sont pas moins explicites, et les Arabes ont établi la
même coutume dans tous les pays où règne l'Islam. Donc
les Francs n'apportaient pas dans la Gaule un élément
nouveau ; en réalité ils la ramenaient à cinq siècles en

1. Voir *Journal des Savants*, années 1880, 81, 82.
2. Sur l'*Organisation judiciaire du Droit pénal, et la Procédure de
la loi Salique*.

arrière, au point où elle était avant la conquête Romaine [1]. » Dans la « *Lex Antiqua* », le droit de vengeance
est implicitement reconnu pour certains crimes, notamment pour le vol commis sur un cadavre, ou lorsque le
voleur est pris en flagrant délit. Mais le volé a la faculté
d'y renoncer, et de traduire le voleur en justice, pour le
faire condamner à payer la composition. Elle est donc
ici, comme nous le constaterons à Rome à l'époque de
la loi des XII Tables, obligatoire dans certains cas, facultative dans d'autres.

Dans le vieux droit du Danemark, en droit Musul-
man, dans les lois Anglo-Saxonnes c'est aussi ce même
phénomène qui se retrouve. Dans le droit Danois notamment, le vol est avec l'incendie, la haute trahison,
l'assassinat (dans certains cas) au nombre des crimes
pour lesquels la composition n'est pas admise [2].

C'est aussi la vengeance privée qui est la première
forme du droit criminel dans les anciennes lois Suédoises [3]. C'est la guerre d'individu à individu, ou plutôt de
famille à famille. Les premières lois ont pour but de
faire régner la paix. Elles réglementent cet état de
choses sans le supprimer. Elles fixent un taux de compositions rendues peu à peu obligatoires, et divisées par
tiers entre le roi, le canton et le poursuivant.

---

1. Déjà à l'époque de Tacite on avait établi des tarifs. Une part était
même attribuée à l'État. La loi Salique distingue aussi la « faida »
attribuée à l'offensé ou à ses représentants comme rachat de la vengeance privée : le « fredum » à l'État pour le rémunérer de son inter·
vention (voir Dareste, *loc. cit.*, année 1882).

2. Voir Dareste, *loc. cit.* année 1882.

3. Voir : *Mémoire sur les anciennes lois Suédoises*, à propos du recueil
intitulé : « *Corpus juris Sueo-Gotorum antiqui. Samling af sveriges Gamla
Lagar* » (publié par M. Schlyter, 13 vol. in-4°, 1827-1877. Dareste, *J. des
Sav.*, septembre-octobre 1880).

Le « *Codex legum Slavonicarum* »[1], dans ses articles 67 et 68 qui traitent du vol, permet d'exercer à propos d'une chose volée des poursuites contre tous les habitants d'un village. Lorsqu'un homme reconnaît son bien entre les mains d'un autre, si c'est dans la forêt ou la campagne, il conduit le détenteur au plus prochain village, et met la localité en demeure de lui restituer la chose, par sentence du juge. Le village est tenu de payer la somme fixée par le juge. Le détenteur ou l'acheteur d'une chose perdue ou volée est toujours tenu de nommer son auteur, sans cela il doit payer. La loi Serbe contient à cet égard les mêmes dispositions. C'est bien évidemment l'idée de vengeance qui a dicté cette prescription. On ne se préoccupe nullement de la responsabilité et de la culpabilité des individus. On est tellement indifférent aux questions d'imputabilité que l'on se venge non seulement contre l'individu, mais contre un groupe entier ou un quelconque de ses membres.

Avant l'existence de l'État, les familles ont du être les unes vis-à-vis des autres dans des rapports analogues à deux nations modernes pour le droit de paix ou de guerre. Il n'existait pas de pouvoir répressif supérieur. Le droit de vengeance est alors légitime pour conserver ou reconquérir la dignité ou l'indépendance des groupes. C'est ce qui se passe encore de nos jours entre les nations ; et les contributions, les indemnités de guerre d'aujourd'hui sont en grand ce que les groupes pratiquaient jadis en petit pour arrêter les hostilités et la vengeance.

De nos jours ce régime primitif se retrouve chez cer-

1. Publié par Hermenegild Jireck (Prague, 1880). *J. des Sav.*, 1886 (février).

taines peuplades sauvages en Australie [1], où l'on voit les
nègres venger l'offense d'un blanc sur un autre blanc
quelconque ; ou sur un tigre l'acte d'un autre tigre
comme chez les Kikis de l'Asie-Orientale [2]. Chez les Ja-
ponais la vengeance privée est tombée en désuétude depuis quelques années à peine [3].

Au milieu de tous ces documents des âges primitifs,
on est étonné de trouver trois législations, qui forment
un contraste frappant : ce sont celles de l'Égypte, de
l'Inde et des Hébreux [4]. Plusieurs siècles avant notre
ère lorsque Rome et la Grèce n'existaient pas encore,
ces trois peuples éminemment primesautiers, sont déjà
arrivés dans leurs législations, à un degré de perfec-
tionnement que les autres peuples primitifs ont mis,
dans la suite, un long temps à atteindre. Ils sont déjà
familiarisés avec toutes les questions d'imputabilité et
de responsabilité. Le vol est déjà chez eux considéré
comme un mal social et réprimé par l'État. C'est à tel
point que l'on se demande si ces nations privilégiées,
ont eu jamais à franchir, dans le développement de leur
droit pénal, la première étape de la vengeance privée.
Sans entrer ici dans des détails qui seront mieux à leur
place lorsque nous nous occuperons du vol délit public,
nous pensons que ces nations ne doivent pas faire ex-

1. Voir *Six semaines en Océanie*. Samoa (*Revue des Deux-Mondes*,
1er janvier 1886, p. 89 et 92). — Tuer un blanc est même un haut fait
aux Nouvelles-Hébrides et aux îles Salomon (*eod.* p. 90).

2. Voir l'opuscule de M. Girard sur « *le Shakespeare vor dem Forum
der Jurisprudenz* » de M. J. Kohler (p. 7 et suiv). — M. Kohler voit dans
l'*Hamlet* l'évolution du droit pénal, et M. Girard en analysant l'ouvrage
caractérise nettement ces premières phases du développement juridique.

3. Eyriès et Malte-Brun (*Collection de Voyages*, t. XII, p. 384).

4. Voir Thonissen, *Histoire du Droit criminel chez les peuples anciens*,
Paris, 1869.

ception à la règle commune. Seulement elles ont franchi très vite cette première période. On peut peut-être en trouver un vestige dans la disproportion que nous constaterons entre la faute et le châtiment.

Pour l'Égypte il nous reste quelques traces très confuses de ces temps primitifs. Diodore de Sicile (l. 1, ch. 80 et 88) nous apprend qu'à l'aide de son fils Orus, la reine déesse Isis, vengea contre Typhon le meurtre de son mari et frère Osiris. Elle aurait fait ainsi un dernier usage de la vengeance du sang, qu'elle aurait abolie elle-même ; et par la crainte des châtiments, elle aurait mis un terme à l'abus de la force qui ne connaît aucune loi.

Mais pour l'Inde notamment M. Dareste, dans un article sur les anciens codes Brahmaniques [1], constate en matière de vol, que le roi était tenu de faire restituer les objets volés. Si ces objets ne se retrouvent pas, il doit en payer la valeur de ses deniers. Cela revient à dire que le Canton est responsable des vols qui se commettent sur son territoire. Cette responsabilité collective prouve que pour punir, on tenait exclusivement compte du ressentiment de la victime, sans rechercher le vrai coupable. C'est là un vestige certain de vengeance privée.

Si maintenant nous nous occupons plus spécialement de la législation Romaine, nous trouvons trois vestiges frappants, qui nous donnent le droit d'affirmer l'existence de la vengeance privée à Rome comme dans toutes les législations de l'antiquité.

a. D'abord à l'époque de la loi des XII Tables, nous constatons que la peine du vol manifeste était capitale, et qu'il était permis de tuer impunément le voleur coupable d'un vol commis de nuit ou à main armée, tandis qu'une composition légale du double frappait

1. *J. des Sav.* janvier-février 1884.

déjà l'individu coupable de « *furtum nec manifestum.* [1] ».

Il est bien évident que nous sommes là en présence d'un époque de transition. Ce n'est plus le règne exclusif de la vengeance privée. L'État a été assez fort pour la réglementer dans une hypothèse où le ressentiment est plus léger, mais il n'a pas pu imposer encore sa médiation dans tous les cas de « *furtum* ». Il rencontre, pour établir la composition légale d'une façon absolue en notre matière, des obstacles que les forces dont il dispose ne sont pas capables de vaincre. Pour le « *furtum manifestum* » la composition est encore facultative, laissée à l'appréciation de la victime qui est libre, ou d'assouvir brutalement sa vengeance sur le voleur, ou de se contenter pour calmer son ressentiment, d'une rançon dont le prix sera discuté entre les intéressés.

La loi des **XII** Tables prévoit timidement la possibilité de cette composition. Un texte du Digeste nous dit...

---

1. « Si nox (per noctu) furtum faxsit, si im (cum) occisit, iure cœsus esto (Macrobe, *Sat.* 1, 4, 19). Atque ille mihi legem de XII Tabulis recitavit quæ permittit ut furem noctu liceat occidere, et luce si se telo defendat » (Cicéron, « *pro Tullio* », § 47).

« Furem..... luce occidi vetant XII tabulæ. Cum intra parietes tuos hostem certissimum teneas. Nisi si se telo defendit inquit. Etiamsi cum telo venerit nisi utetur telo eo ac repugnabit. Quod si repugnat « *endoplorato* », hoc est conclamato, ut aliqui audiant et conveniant (*eod.* § 50).

A G. XI, 18, 7 ; XX. 1, 7. — Servius ad Virg (VIII, 516) Furtum capitale crimen apud maiores fuit ante penam quadrupli.

« Lex XII tabularum furem occidere permittit, ut tamen id ipsum cum clamore testificetur » (l. 4, § 1, 9, 2 D.) — (l. 54 *pr.* h. t. D. — Macrobe, *Sat.* 1, 4).

On le voit, avant de tuer, le volé devait crier pour justifier sa défense. En droit Norwégien et en Danemark on avait aussi le droit de tuer le voleur de nuit, ou armé. Le voleur manifeste était traîné devant le « Ting » (assemblée du peuple). Le plaignant prêtait serment avec douze cojureurs, et on pendait sur-le-champ l'inculpé pourvu que la valeur de l'objet dépasse un demi-marc (Dareste, *eod.* année 1881).

« *nam et de furto pascici lex permittit* » [1], (II, 14, § 14),
et la loi « *Julia municipal's* » (lin. 110) « *quei furtei quod
ipse fecit fecerit, condemnatus, pactusve est erit* » [2].

Nous l'avons dit, c'est un phénomène qui se produit
partout ; avant de devenir légale la composition est facultative ; mais tant qu'elle n'est pas légale, nous sommes
encore dans la phase primitive de la vengeance privée.

b. La distinction arbitraire faite par les Romains, entre
le « *furtum manifestum* » et « *nec manifestum* », nous four-
nit un deuxième vestige [3]. Nous sommes là en présence
de deux faits identiques au point de vue de la culpabilité
et de l'intention punissable ; pourtant on leur applique
des peines tout à fait différentes. Pour arriver à expliquer
cette anomalie beaucoup d'auteurs se contentent de dire :
les Romains donnaient une prime à l'habileté du voleur [4].
Quand il avait pu arriver à se dissimuler au moment
du vol et à cacher l'objet dérobé, le voleur était mieux
traité que lorsque, moins habile, il s'était laissé prendre
sur le fait. Est ce là la véritable explication ? nous ne le
croyons pas. Il faut plutôt voir dans cette différence, une
mesure légale du désir de vengeance naissant dans le

1. C'est ce qui s'appelle dans la formule de « *l'actio furti* » que nous
donnerons « *pro fure damnum decidere* » (l. 46, § 5 ; l. 54, § 5, h. t. D.)
— (l. 13. C. h. t.).

2. C'est ainsi que Numa permit de racheter la mort d'autrui causée
involontairement au moyen d'un bélier à fournir aux parents de la
victime (Cicéron, « *pro Tullio,* » § 51 ; Topica c. 17 où la règle des XII
Tables est reproduite) « Si telum manu fugit magis quam jecit, ex quo
aries ille subjicitur in vestris actionibus ». Cicéron commente cette
règle. Il ne voit nulle responsabilité dans le fait prévu, « et tamen,
dit-il, hujusce rei majores veniam non dederunt ».

3. Cette distinction existe chez tous les peuples où l'on retrouve à
l'origine l'idée de vengeance privée. Chez les Norwégiens, les Danois,
les Saxons, les Burgondes, dans la loi salique, etc... (Voir Dareste,
articles cités).

4. Voir notamment Accarias, « *Précis,* » t. II, p. 632 (note).

cœur de l'offensé en présence d'une injure par lui souf-
ferte. Pour fixer la peine, on ne tient compte que de celui qui a été atteint extérieurement, du volé. Le « *fur manifestus* » doit subir une peine plus forte car il se heurte
contre l'impétuosité sauvage du premier sentiment. Pour
le « *fur nec manifestus* » au contraire, le temps a exercé
son influence apaisante. La joie qu'éprouve le propriétaire, en retrouvant sa chose qu'il croyait à jamais perdue émousse en lui son désir de vengeance ; il se conten-
tera d'un châtiment moins rigoureux [1].

c. Enfin, un troisième vestige, dont l'existence ne
s'explique que par l'idée de vengeance privée, est cette
« *actio furti concepti* » au triple, que l'on trouve sous la
loi des XII Tables et même sous le régime du Préteur
(G. III, § 186, § 187. L. 6. § 3, 17. 1. D.), donnée en
dehors de toute idée de culpabilité contre des individus
de bonne foi, elle est l'expression même de la vengeance.
Tout cela prouve que ce sentiment primitif et brutal dominait alors la législation romaine.

La distinction entre le « *furtum manifestum* » et « *nec
manifestum* » s'est de tout temps conservée chez les Romains. D'ores et déjà, il est nécessaire de dire ce qui cara-
ctérisait chacune de ces deux espèces de vol. Un texte de
Gaius (C. III, § 184) nous signale l'existence de plusieurs
systèmes destinés à délimiter les cas de « *furtum manifestum* ». Le premier qui se présente à l'esprit, admis
par tous, et peut-être le seul à l'origine, déclarait le vol
manifeste lorsque le voleur était pris sur le fait[2] par le

---

1. Conf. de Ihering, *Esp. du Dr. R.* Notamment t. I, p. 129 et suiv.
— Summer-Maine (l'*Ancien Droit*, p. 357).

2. Virgile nous dépeint le « *furtum manifestum* ». Voir un voleur ne
suffisait pas pour le convaincre de vol, il fallait aller vers lui et donner
l'éveil en criant : « *vidi* » (*Servius ad Virg.* Eglo. 3, vers 17) « *manifesti*

propriétaire de l'objet, son voisin ou un passant quelconque (L. 3. § 1 ; L. 7, § 3, h. t. D. — *Inst.* § 3, IV, 1).

Un deuxième système se contente d'exiger que l'on soit saisi sur le lieu du délit : par exemple dans une plantation d'oliviers où on a volé des olives ; dans la vigne où on vient de dérober des raisins ; dans la maison où on vient d'enlever un objet (G. C. III, § 184). Un troisième laisse sous le coup d'un « *furtum manifestum* » le voleur tant qu'il n'a pas déposé la chose volée à l'endroit où il a décidé de la cacher. Un quatrième enfin admet ce genre de vol tant que l'individu est nanti de la chose. Gaius a le soin d'ajouter que ce dernier système n'a pas prévalu [1]. Justinien consacre définitivement le troisième (*Inst.*, § 3, IV, 1), mais un texte de Paul (L. 4. h. t. D.) le précise et lui enlève son arbitraire en disant que l'on doit considérer comme lieu de dépôt l'endroit où le voleur s'arrête le jour même du vol ; cela dans l'hypothèse où le voleur veut transporter l'objet volé dans une autre ville ou même dans une autre province.

Dans tous les autres cas, c'est-à-dire quand le voleur, quoique non pris sur le fait, ne pouvait pas nier le vol, il y avait « *furtum nec manifestum* ». Les textes nous en donnent une définition négative (G. C. III, § 185. L. 8. h. t. D.).

Lorsque le vol était manifeste, mais commis de jour et sans armes, sous les XII Tables [2], l'homme libre su-

furti arguit dicendo vidi ». — Voir Heineccius. « *Antiquitatum Romanarum syntagma* », ed. de 1734, t. II, p. 163.

1. Les deux premiers systèmes semblent avoir eu le plus de crédit. Gaius ne les combat pas. Paul (S. § 2. h. t.) et Ulpien (l. 3, § 2, l. 21, *pr.* h. t. D.) les admettent.

2. Giraud. « *Enchiridion, tabulæ* » 8, § 13, « *e Gellio* » XI, 8. — Ex ceteris manifestis furibus liberos verberari addicique jusserunt (XII tab.) ei

bissait des châtiments corporels. Il était frappé de verges, et on discutait sur la question de savoir s'il devenait esclave ou « *adjudicatus* » en vertu de l' « *addictio* ». L' « *addictio* » était une sorte d'esclavage de fait ; le magistrat avait seul le pouvoir de la prononcer. L' « *addictus* » subissait l'emprisonnement avec contrainte au travail[1]. Aulu Gelle (**XX**, 1, 7) pense que le voleur tombait en servitude[2].

L'esclave subissait ces châtiments corporels et était ensuite précipité du haut de la roche Tarpéienne, même pour le « *furtum nec manifestum* ». La loi des XII Tables n'en parle que pour le vol manifeste, mais des comédies de Plaute[3] nous indiquent ce genre de châtiment pour le « *furtum nec manifestum* » à l'époque du droit prétorien, « *a fortiori* » devait-il en être ainsi sous la législation plus dure des décemvirs. Les impubères n'échappaient pas au châtiment, mais la peine était, pour eux seulement, le texte le précise, laissée à l'appréciation du juge.

Cette répression corporelle, que nous venons de constater pour tout vol commis par un esclave et pour le vol manifeste commis par un homme libre, émanait-elle de la puissance publique? Nous ne le croyons pas.

---

cui furtum factum esset, si modo id luci fecissent, neque se telo defendissent : servos item furti manifesti prehensos, verberibus affici, et e saxo precipitari : sed pueros impuberes prætoris arbitratu verberarí voluerunt, noxamque ab his factam sarciri.

(Conf. G. c. III, § 189. — Isidore *Orig.* V. 26. A. G. XI, 9. 18 ; XXI, 7. 1 Giraud « *Des nexi*, » p. 5, p. 99.

2. Gaius lui-même nous dit que la question de savoir si le voleur manifeste est « *servus* » ou « *adjudicatus* » en vertu de l' « *addictio*, » c'est-à-dire s'il devient esclave à Rome ou peut seulement être vendu « *trans Tiberim* » était controversée ... « *utrum autem servus efficeretur ex addictione. An adjudicati loco constitueretur, veteres quærebant* » (C. III, § 189).

3. « *Amphitrion*, » act. I, sc. I : « *Aulularia*, » act. IV, sc. x.

Aucun texte ne l'indique, et, de plus, la répression par l'État implique la notion de délit considéré comme une lésion, un mal social ; or, on était encore, sous les XII Tables, bien loin de cette dernière période du développement juridique. L'État n'était pas même intervenu pour imposer une composition légale. Il vaut mieux admettre, croyons-nous, que la répression était laissée à l'initiative privée. Cela cadre bien avec les idées de l'époque primitive. C'est là encore un reste de l'époque brutale. Ces peines édictées par les Décemvirs sont, au fond, la rançon destinée à empêcher que le voleur soit à la merci absolue du volé. Le voleur abandonne ce qu'il a de plus précieux au monde après sa propre vie, sa liberté, et la vengeance est assouvie.

M. Padelletti[1] semble penser au contraire que ce châtiment aurait été infligé par l'État, et il croit que le vol a eu d'abord le caractère de délit public avant de devenir un délit privé. Il nous semble que si le vol avait été à l'origine un délit public, il le serait toujours resté. On conçoit qu'un peuple s'élève de la notion de délit privé à celle de délit public, mais le contraire est inadmissible, on aurait là un progrès à rebours. Un exemple de ce genre ne se rencontre nulle part, croyons nous, dans l'histoire des peuples.

Pour arriver à l' « *addictio* » du volé sur le voleur, on procédait à une « *manus injectio*[2] ». Était-ce là une véri-

---

1. *Op. cit.* capo VIII, note 2, p. 86. — Capo XXIII. — Conf. Walter, *Histoire du Droit Criminel* (traduite par Picquet-Damesne, Paris, 1863). *Contrà* Mommsen, *Droit Public*, t. I, p. 181 (traduit par M. P.-F. Girard. Paris, Thorin, 1886).

2. Denys d'Halicarnasse (VI, 83) distingue trois catégories d'individus soumis à la « *manus injectio* » 1° les « *nexi* » (insolvables), 2° les « *addicti ex causa judicati* » (ceux détenus par leurs créanciers, après le

table « *legis actio per manus injectionem* », ou un simple moyen extrajudiciaire d'arriver par l'appréhension physique d'une personne à exercer un droit que l'on a sur elle. Dans ce dernier sens la « *manus injectio* » est entendue « *lato sensu* ». Elle n'est pas un véritable acte de procédure, car on la retrouve très tard, lorsqu'il n'y avait plus d'actions de la loi : par exemple contre les décurions qui s'enfuyaient (l. 181, « *in medio* », Code Théodosien, « *de decur.* », 12, 1). Dans le droit de Justinien, on la retrouve contre les esclaves, et elle existe même encore dans ce sens chez nous où le père de famille a dans certains cas le droit de faire emprisonner son fils? La question est controversée, mais c'est dans le sens d'une « *manus injectio* » extrajudiciaire qu'on doit, croyons-nous, se décider. Gaius en effet (C. III, § 189) nous apprend qu'il y avait controverse pour savoir si le voleur « *addictus* » devenait esclave ou « *adjudicatus...* » « *utrum autem servus efficeretur ex addictione, an adjudicati loco constitueretur, veteres quærebant...* » Cette controverse, il semble, eût été impossible, si on avait procédé à une « *manus injectio* » action de la loi. Le voleur eut alors été sans nul doute dans la situation d'un « *judicatus* ». Mais si certains ont pu soutenir qu'il était esclave, c'est qu'on n'était pas là en présence d'une « *manus injectio* » régulière.

Perquisitions. *a.* Pour arriver à découvrir l'objet volé on avait ordinairement besoin de faire des recherches chez la personne soupçonnée d'être le receleur ou le voleur. Quand la « *res furtiva* » était ainsi découverte

délai légal), 3° ceux qui pour les délits privés sont soumis à « *l'addictio.* » — Tite-Live, III, 44.— G. III, § 189. — Zimmern (*Traité des actions chez les Romains*, § XLIV), traduit par Étienne. 2ᵉ édition, Paris, 1846.)

Voir Keller « des actions chez les Romains » (traduit par Capmas, Paris, 1870), p. 83.

en présence de témoins il y avait « *furtum conceptum* », nous dit Gaius (III, 186), et c'était alors le cas d'appliquer l' « *actio furti concepti* » dont nous nous occuperons bientôt. « *Nam in eum propria actio constituta est, quamvis fur non sit, quæ appellatur concepti* ».

b. Lorsqu'on s'opposait à cette perquisition toute simple, le demandeur devait recourir à une perquisition plus solennelle, aux formes bizarres décrites par Gaius, et que les anciens auteurs appellent « la perquisition *lance et licio* (ou mieux *linteo*) » (voir Fœstus). Elle a existé sous les XII Tables et sous le droit Prétorien. Lorsque l'objet volé était trouvé à la suite de cette perquisition solennelle, le vol non manifeste était assimilé au vol manifeste (G. III, 194), et donnait lieu, comme lui, à la vengeance privée sous la législation des XII Tables. Il est intéressant de la décrire ici, et de constater surtout qu'elle n'était pas particulière à Rome.

(G. III, 192. — Fœstus, « *lance et licio* ». — A. G. XI, 18, 9; XVI, 10, 8). La victime du vol portant pour tout vêtement une sorte de ceinture et tenant dans ses mains un plateau, « *linteo cinctus lancem habens* », entrait chez autrui dans ce simple appareil, et recherchait l'objet volé en compagnie de témoins. Une série de systèmes bizarres ont été imaginés pour expliquer l'existence de cette ceinture et la présence du plateau. Il est curieux d'en examiner quelques-uns, on nous le permettra.

Une vieille explication reproduite par Heineccius [1] dit : Le « *furtum per lancem et licium conceptum* » tire son nom des vols commis par certains imposteurs, qui sous un prétexte religieux s'introduisaient dans les maisons revêtus d'une robe de prêtre (*licio sacrificuli*), tenant dans leurs mains un plateau pour recueillir les offrandes.

---

1. « *Antiquitatum Romanarum* », *op. cit. t.* II, p. 167 et suiv.

Le vieil auteur confond deux choses bien distinctes
« *concipere* et *committere furtum* ».

Une autre (d'Hotoman) voit là la copie de certaines
pratiques religieuses, d'après lesquelles les prêtres
avaient coutume de se vêtir d'un « *licium* », lorsqu'ils
invitaient les fidèles à manger un certain pain conservé
sur une pierre d'aigle (*OEtitite lapide*). Heineccius ne
saisit pas le rapport qui peut exister entre le plateau,
cette pierre d'aigle et ce pain ; je suis assez de son avis !

On a trouvé encore l'explication suivante, un peu
moins invraisemblable peut-être. Sur l'ordre du magistrat, les licteurs romains se revêtaient du « *licium*, » insi-
gne officiel de leurs fonctions publiques [1]. Un satellite
les accompagnait portant sur un plateau les preuves
authentiques de leur mission, et ils allaient ainsi à la
recherche de l'objet volé. La maison devait s'ouvrir devant eux au nom de la loi, comme elle s'ouvre chez
nous devant un commissaire de police, porteur de son
écharpe. La perquisition, d'après cela, aurait été confiée à l'autorité publique et non à des particuliers.

Fœstus v° « *lance et licio*, » conf. Paul Diacre, v°
« *lance* » pense que le plateau servait à couvrir le visage
de celui qui faisait les recherches, pour ménager la pudeur des femmes et des filles de la maison ! D'autres
disent l'individu ne voulait pas être reconnu des femmes,
et c'était sa propre pudeur qu'il ménageait ainsi. Vangerow (*de furt. concept.*) fait observer que c'est alors devant le visage des femmes que ce plateau aurait dû être
mis, surtout dans la première hypothèse.

A côté de ces explications aujourd'hui rejetées, Gaius
nous en rapporte deux qui sont plus admissibles, et
nous les adoptons. L'usage du « *licium* » se devine aisé-

1. Voir doc. cités par Heineccius. *Op. cit.* p. 168.

ment. Quant au plateau, il était destiné soit à contenir l'objet volé, soit à occuper les mains du chercheur pour qu'il ne pût pas dissimuler cet objet.

Lorsque l'objet était trouvé à la suite de cette perquisition solennelle, de par la loi il y avait « *furtum manifestum* ». Gaius le dit expressément (III, 192)… « *jubet id lex furtum manifestum esse* ».

Une difficulté s'élève à propos de la sanction. Gaius (III, 191) nous dit que la peine du « *furtum conceptum* » est du triple, et plus loin (III, 192) que lorsque le vol est découvert à la suite de la perquisition « *lance licioque*, » le « *furtum est manifestum*, » et par conséquent sous les XII Tables, sa peine est capitale. Doit-on voir là deux hypothèses de recherches distinctes, ou une seule perquisition à laquelle se seraient successivement appliquées deux peines différentes ?

Gaius distingue nettement deux cas. Aussi, la plupart des auteurs modernes pensent avec raison, qu'il faut voir là, ce que nous avons déjà admis nous-mêmes, au début de cette étude, deux hypothèses de perquisitions distinctes, l'une plus solennelle que l'autre, applicables suivant que le propriétaire de la maison s'oppose ou ne s'oppose pas aux recherches [1].

M. Schœll [2] croit à l'existence d'une seule perquisition, et il s'appuie surtout sur ce que la loi des XII Tables ne se préoccupait nullement du cas où le propriétaire s'opposerait à la perquisition. L'action « *furti prohibiti* » au quadruple appliquée à cette hypothèse est de création prétorienne. Gaius à ce sujet trouve « *tota lex ridicula* », mais Gaius peut se tromper. Si on n'avait pas encore, dans ce cas, une action d'amende au quadruple, c'était

1. Conf. Vangerow, — de Ihering, *Esp. du Dr. R* t. II, p. 153, note 213.
2. Voir Desjardins, *op. cit.*, p. 123.

surtout, croyons-nous, parce que le vol manifeste n'était
pas réglementé. Mais la résistance était possible de tout
temps, et on devait pouvoir la vaincre, ou pouvoir faire
condamner le propriétaire à la peine capitale du « *furtum
manifestum* ». C'est ce qui se retrouve d'ailleurs en droit
Burgonde, dans la loi Salique (t. 66) et dans celle des
Ripuaires (t. 47, § 2).

Un auteur italien [1] ne voit là aussi qu'une seule procédure. Primitivement, la perquisition archaïque décrite
par Gaius existait seule. La loi Æbutia, que nous
allons retrouver, en abolissant le formalisme du « *lance
licioque* », laissa subsister les témoins seuls et la perquisition devint moins solennelle. Mais alors comment
expliquer l'existence simultanée de ces deux peines différentes, celle du triple et celle du vol manifeste, dont
nous parle Gaius (III, 191, 192, 194)? M. Gulli prétend
que le « *furtum conceptum* » entraîne toujours la peine du
triple, et que si Gaius nous dit « à la suite de la perquisition solennelle, le vol découvert *manifestum est* », « *manifestum* » est ici pris pour *flagrant*. On n'a plus besoin
d'aucune instruction pour poursuivre le coupable ; la
procédure est modifiée, mais la peine n'est pas aggravée.

C'est là, on l'avouera, une interprétation par trop
subtile des textes. Gaius insiste à plusieurs reprises : il
dit même au paragraphe 194 : « La loi ne peut pas aller
contre la nature des choses, elle ne peut pas faire... « *ut
qui manifestus fur non sit, manifestus sit....* » Mais ce
qu'elle peut faire c'est que le voleur dans ce cas soit
frappé de la peine du vol manifeste [2]. » Donc il est bien

1. Gulli, « *Del furtum conceptum secundo le XII Tavole e la legislazione
posteriore* ». Bologne, 1884. Voir *Nouvelle Revue Historique de Droit*
(janvier-février 1886).

2. « *At illud sane lex facere potest ut proinde aliquis pœna teneatur...* »
(G. III, 194 *in fine.*)

évident que le vol découvert à la suite d'une perquisition n'entraîne pas toujours la peine du triple. Il y a
deux peines, il doit y avoir deux perquisitions.

Cette poursuite du vol aux formes bizarres, a existé
à Rome bien avant la législation des XII Tables. On la
retrouve aussi dès la plus haute antiquité, et chez beaucoup de peuples anciens. C'est là ce qui tend à prouver
que cette institution est, non d'une race, mais d'un certain degré de civilisation. C'est le premier rudiment de
la procédure en matière de délit à l'époque où du fait
brutal, de la guerre privée, on passe à l'arbitrage.

Macrobe [1] nous rapporte un conte dont la naïveté
prouve l'authenticité, transmis de bouche en bouche, qui
doit remonter très loin et dans lequel nous allons constater déjà l'existence de la perquisition, avec les formalités de l'époque des XII Tables. « *Tremellius vero scropha
cognominatus est eventu tali. Is Tremellius, cum familia
atque liberis in villa erat, servi ejus, cum de vicino scropha erraret surreptam conficiunt. Vicinus, advocatis cus-
todibus, omnia circumvenit, ne qua efferi possit, isque ad
dominum appellat restitui sibi pecudem. Tremellius, qui ex
villico rem comperisset, scrophæ cadaver sub centonibus
collocat, super quos uxor cubabat. Quæstionem vicino permittit. Cum ventum est ad cubiculum verba conjurationis
concipit, « nullam esse in villa sua scropham, nisi istam,
inquit, quæ in centonibus jacet. » Ea facetissima juratio
Tremellio scrophæ cognomentum dedit [2]* ».

Le voisin a suivi sa truie à la trace (c'est là le « *vesti-*

1. « *Saturnales* », l. 1. c. VI *in fine*. (Voir Esmein, *Poursuite du vol et
serment purgatoire. Revue Générale*, 1884).

2. Voigt (*Die XII Tafeln II*, p. 567, 568) se sert de ce texte pour établir ce que nous avons admis, que la recherche du vol avait lieu « *sine
lance et licio* », toutes les fois que le maître de la maison n'exigeait pas
ces formalités, en s'opposant aux recherches.

gium minans » des Germains dont nous parlerons bientôt [1]). Il arrive accompagné des témoins que Gaius mentionne [2]. Ces témoins convoqués tout exprès « *advocati* » devaient aussi garder les issues pour empêcher qu'on fasse sortir l'animal volé. Le volé somme le maître de restituer, il refuse, et la perquisition commence. Arrivé devant le lit, la pudeur s'oppose à ce qu'il poursuive jusque-là ses recherches. La loi elle-même l'ordonne, et nous trouvons ici cette particularité, qui consiste à remplacer la perquisition par un serment.

Nous sommes là en présence d'un vol doublé d'un parjure. On a déjà, à cette époque primitive, le respect du serment. Mais comme le formalisme règne en maître, pourvu que la forme soit observée, le parjure n'existe pas. Le défaut de sincérité était tellement dans les mœurs qu'on trompait ainsi même les Dieux [3].

A une époque bien antérieure nous retrouvons ces mêmes principes dans un texte de la Genèse (« *Vulg* ». ch. 31, vers. 17 à 37). Jacob quitte Laban, emmenant avec lui femme, esclaves, troupeaux. A l'insu de son mari, Rachel dérobe les Dieux domestiques de Laban. Laban découvre le vol et poursuit les fugitifs. Il atteint les fugitifs, et tout d'abord le désir de vengeance s'éveille en lui, « *valet manus mea reddere tibi malum* » s'écrie-t-il. Il s'apaise pourtant, car une influence religieuse lui fait franchir cette première étape du développement (Dieu,

---

1. La suite à la trace se retrouve dans l'ancien Code Brahmanique de Nârada, récemment découvert. En cas de vol de bétail, on suivait les traces, et le canton où ces traces s'arrêtaient, était responsable. (Voir Dareste, *Journ. des Sav.*, 1884, février, p. 94, *in fine*).

2. *Conf.* Théophile, « *Com. des Institutes,* » IV, 1, § 4 (édit. Reitz), « *conceptum furtum* ».

3. Macrobe (*op. cit.*, l. 1, ch. 7), c'est un argument de plus en faveur de la prédominance absolue de l'élement matériel dans le très ancien droit.

en songe, lui a défendu de maltraiter Jacob). Il arrive de
suite à la procédure rudimentaire. Il formule l'accusa-
tion de vol « *cur furatus es deos meos,* » et fait de son propre mouvement la perquisition solennelle que nous
avons trouvée bien longtemps après à Rome. Jacob, sûr
de son innocence, laisse faire la perquisition qui échoue
devant un stratagème matériel. Laban propose un arbitrage, et les arbitres sont choisis parmi les hommes
des deux camps.

Nous trouvons là, outre la perquisition Romaine,
toute l'évolution du droit pénal. C'est un fait curieux
que nous devons constater avec M. Esmein. Au milieu
des mœurs primitives de ces peuplades nomades, soumises à la seule autorité du chef héréditaire; à une
époque où il n'existait pas de loi réglant les rapports
de groupe à groupe, où les familles n'étaient pas encore devenues nations, Jacob et Laban ont eu l'intui-
tion du droit primitif. Ils sont arrivés, en franchissant
l'étape de la vengeance privée aux premiers rudiments
de la procédure, et à une décision judiciaire confiée à
des juges improvisés. Pour que le droit existe, un législateur n'a plus qu'à rendre obligatoires ces conces-
sions volontaires.

Dans le droit Grec, nous retrouvons aussi cette perquisition avec un cérémonial identique à celui des
Romains.

C'est ce qui nous est prouvé par un texte des *Nuées*
d'Aristophane [1] (vers 498). Platon nous décrit aussi ce
même rite dans son *Traité des lois* (chap. XII, § 691).
L'individu qui fait des recherches était seulement cou-
vert du « *licium* » (χιτωνίσκος) comme à Rome, il suppliait
les Dieux, gardiens des lois, de lui faire trouver l'objet

1. Voir Heineccius, *op. cit.*, t. II, page 170.

volé, et commençait ses recherches dans tous les coins les plus reculés de la maison, sans que le propriétaire ait le droit de s'y opposer.

Dans les vieilles lois Suédoises et en Droit Scandinave [1], la perquisition domiciliaire s'appelle « rauzsaka ». Le plaignant déclare devant ses voisins le vol commis, puis il se rend au domicile suspect avec quatre témoins, et requiert la perquisition au nom de la loi. On ne peut pas s'y opposer ; chaque partie prend deux témoins. Le plaignant indique ce qu'il cherche, l'inculpé ce qu'on trouvera chez lui. Puis le plaignant entre *en chemise* avec ses témoins ; un simple « *licium* », en effet, ne suffit pas pour garantir du froid dans ces contrées hyperboréennes. Si on trouve l'objet volé, l'inculpé est traîné au « Ting » et traité comme voleur manifeste, c'est-à-dire pendu sans jugement. Dans le cas contraire, il reçoit une indemnité de 3 marcs. Toute résistance est aussi punie de 3 marcs d'amende ; dans ce cas le volé requiert les voisins et pénètre de force avec eux. Enfin, lorsqu'on trouve l'objet volé, on examine si la maison n'a pas une ouverture par laquelle l'objet a pu être jeté de l'extérieur, et alors le propriétaire de la maison peut se justifier avec douze cojureurs. Cette faculté n'existait pas à Rome.

C'est la même procédure que nous constatons encore chez les Burgondes (§ 16), les Bavarois (§ 10, § 14), dans la loi des Ripuaires (t. 47), enfin dans la loi Salique [2] (ch. 40). Lorsqu'un propriétaire aura perdu d'une manière furtive « *per furtum perdiderit* » (sal. 37) son bœuf,

---

1. Voir Dareste « mémoire sur les lois suédoises », *Journ. des Sav.*
2. Voir Jobbé-Duval (Paris, 1881, *Revend. des meubles*). Sohm (*procédure de la loi salique*), bibliothèque de l'école des hautes études, 13° fascicule.

son cheval, son esclave, disent les textes, il doit se mettre lui-même à la recherche de son bien : l'autorité publique ne prend pas en main sa défense. Mais, comme il peut compter sur l'appui de son groupe, il avertit ses voisins et leur demande assistance. Une petite troupe « *trustis* » se forme qui commence à accomplir à la suite du propriétaire le « *vestigium minare* », c'est-à-dire la suite à la piste de l'animal dérobé ou du voleur. Si la trace conduit à une maison le « *vestigium minans* » en exige l'ouverture et commence dans toutes les chambres les recherches auxquelles le propriétaire ne peut s'opposer sous peine de passer pour un voleur. Il encourt alors une amende de 62 sols, la plus forte qui frappe le vol (Rip. 47, 2 ; loi Sal. t. 66). C'est là le système de « *l'actio furti prohibiti* », inventée par le préteur à Rome, contre celui qui s'opposait à la perquisition solennelle. En revanche, si l'objet n'est pas trouvé chez lui, c'est le « *vestigium minans* » qui doit payer une amende [1]. Dès que la chose est retrouvée et son identité constatée, le propriétaire procède à une sorte de saisie « *mittat manum super eam* » (Rip. 33, 1, et suiv.), et c'est là le commencement d'une procédure dont chaque étape a donné lieu à une série de controverses, dans le détail desquelles nous ne devons pas entrer [2]. Elle aboutit au paiement d'une amende et à la restitution de l'objet.

A Rome, la perquisition établit la culpabilité du voleur sans preuve contraire possible. Il est « *fur manifestus* » et ne peut se défendre. Dans les lois Scandinaves, la loi Salique et la loi des Ripuaires, le vol est flagrant et la disculpation est impossible, si l'objet est retrouvé dans les trois jours du vol. Si, au contraire, les recher-

---

1. Sohm (*eod.*), page 43.
2. Jobbé-Duval. page 38 et suiv. — Sohm. p. 43 et suiv.

ches n'ont abouti qu'après ce délai, l'accusé peut se
disculper en faisant la procédure de « tierce main » c'est-
à-dire en mettant en cause son auteur [1] (Rip. t. 47, 1).

Toutes ces perquisitions solennelles sont des re-
vendications mobilières, mais absolument distinctes,
croyons-nous, de la revendication réelle du droit civil.
Elles ont le caractère personnel des actions « *ex delicto* »,
et ne peuvent être intentées que par la victime du vol
et contre le voleur seul en principe. Leur fondement
n'est pas le droit de propriété mais bien le délit commis.
Leur raison d'être est le droit de vengeance du volé.
Leur but est surtout d'obtenir le châtiment du coupable.

Ces ressemblances que l'on constate chez des peuples
absolument étrangers les uns aux autres, et à des
époques très différentes, ne sont pas fortuites. Elles ca-
ractérisent toute une période de civilisation ; il n'est pas
inutile, croyons-nous, d'en avoir parlé un peu longuement.

Il résulte de cette étude que la situation du « *fur nec
manifestus* » pouvait être aggravée. S'il gardait la chose
chez lui, il s'exposait à une action « *furti concepti* » au
triple. S'il la déposait chez un tiers, ce tiers avait contre
lui une action « *furti oblati* ». S'il obligeait à faire la perquisition « *lance licioque* » il était « *fur manifestus* ». Il est
possible même qu'on puisse cumuler ces diverses actions
avec l'action « *furti nec manifesti* ».

En matière de « *furtum manifestum* » la procédure devait être des plus sommaires. Tacite nous le dit (*Ann.* XI,
§ 6), « *non judicium quippe in manifestos sed pœnam* ».

---

1. Un autre système d'après lequel la disculpation est toujours po-
sible sans distinction de délai, existe chez les montagnards du Daghes-
tan (*Géographie de Reclus*, t. VI, l'*Asie Russe*, page 750). En droit russe
chez les Anglo-Saxons et les Lombards (*Edit de Rotaris*, n° 231).

CHAPITRE II

PÉRIODES DES COMPOSITIONS LÉGALES

Dès qu'on a dépassé la phase primitive de la vengeance privée, le système des compositions légales se présente comme le pivot de toute la législation Romaine ; avec lui l'État arrive à s'immiscer nettement dans la matière des délits. Il impose à l'offenseur une amende fixée d'avance dont l'offensé doit se contenter. Il règlemente ainsi énergiquement le droit de vengeance.

Pour le « *furtum* », nous devons étudier successivement les compositions qui existent déjà sous les XII Tables, ensuite sous le régime de l'édit du préteur, et enfin dans la législation de Justinien.

SECTION PREMIÈRE

Loi des XII Tables.

Dans le vol non manifeste le volé pouvait intenter contre le voleur l' « *actio furti nec manifesti* ». Par elle il arrivait à se faire payer le double de la valeur de l'objet volé. Les XII Tables nous disent... « *si adorat* [1] *furto quod nec manifestum erit duplionem damnum decidito* »

1. « *Adorare* » c'est-à-dire « *agere* » (Paul Diacre, § 19 ; A. G. XI, 18, 15. Fœstus, mot « *adorare* » : « *adorare apud antiquos significabat agere* »).

(Giraud « *Enchiridion* », tab. VIII, 16) et Gaius (III, § 190) « *nec manifesti furti pœna per legem XII Tabularum dupli inrogatur eamque etiam prætor conservat* ».

On avait en outre « *l'actio furti concepti* » donnée contre celui chez qui la chose avait été trouvée en présence de témoins, à la suite d'une perquisition non solennelle dont nous venons de parler. Elle était donnée même lorsque la personne ignorait que l'objet volé avait été déposé chez elle. L'ancien droit Romain ne se préoccupait pas de l'intention frauduleuse, c'était alors l'époque de la prédominance absolue de la forme extérieure sur l'idée (G. III, § 191). Pour corriger la rigueur de cette action qui frappait même les innocents, on en avait créé une autre au triple aussi, intentée par l'individu chez qui on avait découvert l'objet contre l'auteur de ce dépôt, c'était l' « *actio furti oblati* » (G. III, § 191. IV, 173. A. G. XI, 18, 11. Paul, S. II, 31, § 14). L'existence de cette action « *furti oblati* » prouve bien : d'abord que l'action « *furti concepti* » était possible même contre une personne de bonne foi, et ensuite que les actions contractuelles de bonne foi (de dépôt, de mandat, etc.) étaient inconnues à cette époque ; sinon le tiers de bonne foi n'aurait eu pour réclamer l'amende par lui payée, qu'à intenter contre le déposant ou le mandant l' « *actio depositi ou mandati contraria* ».

M. Gulli[1] assigne comme base à « *l'actio furti concepti* » d'abord le fait matériel de la détention et en second lieu la faute (et non le délit) commise par l'individu quand, aux premières instances, il a nié que l'objet fut chez lui. Mais il est difficile d'admettre qu'une simple faute, une négligence souvent très explicable entraînât une amende

---

1. « *Del furtum conceptum secundo le XII Tavole e la legislazione posteriore* », op. cit.

ᴜssi forte. Le propriétaire de vastes locaux peut très bien ignorer qu'on est allé cacher un objet volé dans un coin oublié de ses immeubles, et personne ne songera à lui en faire un crime. Il est plus raisonnable, croyons-nous, de voir là un vestige du régime primitif où, pour punir, on ne se préoccupait que du ressentiment aveugle de la victime.

SECTION II

Système du préteur

Le préteur acheva, en notre matière, la réglementation pénale commencée par les Décemvirs. Il substitua à la peine trop rigoureuse du « *furtum manifestum* » une composition légale du quadruple, et créa pour permettre de l'obtenir l' « *actio furti manifesti* ». Cette réforme devait être impérieusement demandée par les mœurs adoucies de l'époque, et l'édit du préteur ne fit que donner force de loi à un usage déjà admis par la pratique. Gaius nous l'indique (III, § 189) « *postea improbata est asperitas pœnæ et tam ex servi persona quam ex liberi quadrupli actio prætoris edicto constituta est* ».

Il est probable pourtant que l' « *addictio* » continuait à exister lorsque le voleur était insolvable. Le voleur, dans ce cas, adjugé au volé, devait le servir jusqu'au paiement. Aussi Caton disait-il en parlant d'un usage existant encore de son temps « *fures privatorum furtorum in nervo atque in compedibus ætatem agunt* ». (A. G. XI, 18).

Continuant à généraliser le système des compositions légales, le préteur créa encore une action « *furti prohibiti* » (G. III, § 192) donnée au quadruple contre celui qui

s'oppose à la perquisition « *lance licioque* ». Cette action
ne fut pas, croyons-nous, comme le pense M. Desjardins
(*op. cit.* p. 127), destinée à remplacer la perquisition solennelle, qui subsista encore telle que nous l'avons étudiée, au moins jusqu'à la loi Æbutia[1] et plus tard même
légèrement modifiée si l'on adopte l'opinion d'Heineccius[2].

Gaius (III, 190 et suiv.) après nous avoir dit que l'« *actio
furti prohibiti* » est de création prétorienne a tort de trouver ridicule la loi des XII Tables pour n'avoir pas sanctionné l'opposition à la perquisition « *lance licioque* ». Il
est possible d'abord que sous les XII Tables personne ne
songeât à résister, et ensuite le « *furtum prohibitum* » qui
entraîne sous le droit prétorien une amende du quadruple, comme le « *furtum manifestum* », pouvait très bien
sous les XII Tables être puni de la peine non encore réglementée du « *furtum manifestum* ». Le préteur maintient
par son action « *furti prohibiti* » l'assimilation déjà faite par
la loi des XII Tables entre le « *fur manifestus* » et celui
qui s'opposait à la perquisition solennelle. Enfin Justinien
mentionne (Inst. IV, 1, § 4) comme de création prétorienne une action « *furti nec exhibiti* », contre celui qui
n'avait pas exhibé la « *res furtiva* » et avait laissé faire la
perquisition solennelle; elle était donnée très probablement au quadruple comme l'action « *furti manifesti* ».

---

1. Cette loi a une date incertaine. M. Accarias (*Précis*, t. II, p. 845) la
place vers l'an 583 de Rome.

2. Heineccius (*op. cit.*, II, p. 172) se fonde sur un passage d'Aulu-
Gelle (n. a. 16, 10) pour dire que les formes solennelles de cette perquisition disparurent à l'époque de la loi Æbutia. Même alors, d'après
lui la recherche des objets volés fut confiée à des esclaves publics ac-
compagnés du volé encore revêtu du « *licium* » et portant toujours son
plateau. Il donne à l'appui un passage de Plaute (*Mercat.*, acte III,
vers 78) un autre de Pétrone (*Satyr.* 30).

En créant ces actions nouvelles, le préteur a maintenu celles qui existaient déjà à l'époque des XII Tables. Si nous les énumérons, nous trouvons, pour le vol, dans le droit prétorien, les six actions pénales suivantes :

1° L'*actio furti nec manifesti,* au double.
2° L'*actio furti concepti.* } toutes les deux au triple.
3° L'*actio furti oblati.*

4° L'*actio furti manifesti.* } toutes les trois au qua-
5° L'*actio furti nec exhibiti.* } druple.
6° L'*actio furti prohibiti.*

SECTION III

Droit de Justinien

A l'époque de Justinien, la perquisition solennelle n'existant plus, les actions « *furti nec exhibiti* et *furti prohibiti* », n'ont plus de raison d'être ; elles doivent disparaître (Inst. IV, 1, § 4). L' « *actio furti concepti* » était un reste vermoulu du règne de « la passion dans le droit ». Elle avait à sa base la vieille idée de vengeance privée. Elle ne pouvait plus exister à une époque où, pour punir, on se préoccupait de la culpabilité et de la responsabilité de l'agent mais nullement du ressentiment de la victime. Aussi Justinien dit-il : « *omnes qui scientes rem furtivam celaverint, furti nec manifesti obnoxii sunt* » (Inst. IV, 1, § 4 *in fine*), sans elle l' « *actio furti oblati* », inventée pour la corriger, n'avait aucune utilité.

Justinien les abolit toutes et ne laisse subsister que l' « *actio furti nec manifesti* », au double et l' « *actio furti manifesti* », au quadruple (Inst. IV, 1, § 3).

Étude de l'action furti. — Nous devons maintenant étudier en détail l'action « *furti* » et répondre à son pro-

pos, avec les textes, aux quatre questions suivantes :
A. A qui est-elle donnée ? B. Contre qui est-elle donnée ?
C. Quel est son « *quantum* » ? D. Quels sont ses modes
d'extinction ?

A. *A qui est-elle donnée ?* — Dans les cas de « *furtum
usus et possessionis* » la réponse est facile. Dans le « *furtum usus* » qui est un abus d'usage commis, comme nous
l'avons vu, par une personne détenant une chose dans un
but légalement déterminé, l'action « *furti* » ne pourra
appartenir qu'au propriétaire de l'objet (l. 1, § 3, h. t. D.
Inst. IV, 1, § 1).

Le « *furtum possessionis* » est commis par le propriétaire sur sa propre chose ; l'action « *furti* » compétera suivant les cas au créancier gagiste, à l'usufruitier ou au
possesseur de bonne foi (Paul, S. h. t. 56 ; G. III, § 204 ;
l. 19, § 6 ; l. 20, *proœ.* ; l. 15, § 1 ; l. 20, § 1. h. t. D.)

Mais la situation est plus délicate et plus complexe
lorsqu'on se trouve en présence d'un « *furtum rei* ». Le
vol peut alors porter préjudice à plusieurs personnes. Si
l'objet en effet ne se trouvait pas en la possession du véritable propriétaire, l'usufruitier, le créancier gagiste,
le dépositaire, le commodataire ont, semble-t-il, comme
le « *verus dominus* » des droits à la créance d'amende.

A qui appartiendra dans ce cas l' « *actio furti* » ?

Nous trouvons dans les « *Institutes* » une règle fondamentale, qu'il est essentiel de bien mettre en lumière.
Elle est ainsi conçue : « *furti autem actio ei competit cu-
jus interest rem salvam esse, licet dominus non sit. Itaque
nec domino aliter competit quam si ejus intersit rem non
perire* ». (IV, 1, § 13). Il résulte de là que le fondement
de l'action « *furti* », est l'intérêt que l'on avait à ce que
le vol ne soit pas commis.

Le Droit Romain ici, comme en beaucoup d'hypothèses, notamment en matière d'action Paulienne, pour apprécier l'intérêt ne se préoccupe que du « *damnum emergens* » et point du tout du « *lucrum cessans* ». Il faut pour avoir l'action « *furti* » que le vol expose la personne à subir une perte, non à manquer un gain. « *Interesse autem ejus videtur qui damnum passurus est ; non ejus qui lucrum facturus esset* » (l. 71, § 1, h. t. D.). Nous ajoute-rons que l'intérêt ainsi apprécié doit avoir une cause licite, et qu'il doit exister un rapport de propriété, de possession ou de détention entre la personne qui veut bénéficier de « *l'actio furti* » et l'objet volé. Trois condi-tions sont donc nécessaires pour donner naissance à « *l'actio furti* ». Il faut : *a.* un intérêt. — *b.* légitime. — *c.* un rapport de fait entre la personne et l'objet volé ; nous allons les justifier par les textes.

a. Intérêt. — Si le propriétaire de la chose en a con-servé la détention, c'est lui seul qui aura en principe « *l'actio furti* ». Mais il peut arriver que le propriétaire ne détienne pas sa chose.

α. Parce qu'elle est grevée d'un droit d'usufruit, l'u-sufruitier et le propriétaire auront « *l'actio furti* » chacun dans la mesure de leur intérêt (l. 46, § 1, h. t. D.). Pour le premier on prendra pour base d'action le préjudice que lui cause la non-perception des fruits, et pour le second le préjudice occasionné par la perte de la nue propriété. La solution est la même si la chose est gre-vée d'un simple droit d'usage (l. 46, § 3, h. t. D.).

β. Le bien est loué. Le fermier aura « *l'actio furti,* » mais il faut faire une distinction. Nous avons vu que le vol à l'époque classique ne peut porter que sur des meu-bles. « *L'actio furti* » n'existera donc que si on vole les fruits de l'immeuble loué. Si on les dérobe une fois dé-tachés du sol, le fermier en est devenu propriétaire par

la perception ; lui seul pourra exercer « *l'actio furti* »
(Paul, l. 26, § 1, h. t. D.). Si le vol est commis avant la
perception, le fermier devra partager le droit d'exercer
l'action pénale avec le propriétaire [1] (l. 82, § 1, h. t. D.).
Ils sont alors intéressés tous les deux : le fermier perd les
fruits sur lesquels il a droit, et le propriétaire se voit enlever une partie de son bien. — Le fermier n'a droit qu'aux
fruits, si on dérobe autre chose, des mottes de terre
par exemple, l'action « *furti* » n'appartient qu'au propriétaire, et le fermier a seulement le droit d'obtenir par
« *l'actio conducti* » la cession de « *l'actio furti* » et son bénéfice; son intérêt n'est pas assez évident et immédiat pour
qu'on lui donne directement cette action (l. 52, § 8,
h. t. D.).

γ. Le possesseur de bonne foi aura droit en même
temps que le vrai propriétaire à « *l'actio furti* », car le vol
l'empêche de parvenir à l'usucapion (l. 52, § 10. —
l. 74, h. t. D.).

δ. « *L'actio furti* » appartiendra aussi au créancier gagiste (l. 49, h. t. D. G. III, § 204) et cela pour deux raisons. D'abord comme nous le dit Justinien (Inst. IV, 1,
§ 14), plutôt que de le forcer à agir contre son débiteur,
il vaut mieux lui permettre de se payer sur le gage
qu'il détient. Il a donc intérêt, dans ce but, à conserver
son gage [2]. Ensuite parce qu'il est tenu à conserver la

---

1. On pourrait peut-être soutenir avec Voët (sur le « *furtum* », n° 18)
que le fermier devient propriétaire des fruits même, quand ils sont
détachés par un voleur.

2. D'après Paul il aurait même le droit d'exercer l'action tout entière au delà du montant de la créance garantie par le gage dérobé
(l. 15, pr. h. t. D.), sauf à rembourser l'excédent au débiteur. Mais
Ulpien est d'avis contraire, et donne l'action au propriétaire et au gagiste, qui en usent chacun dans la mesure de leur intérêt (l. 12, § 2 ;
l. 46, § 4, h. t. D.).

chose, il en a la garde « *custodia* », il répond d'elle vis-à-
vis du propriétaire (Ulpien, l. 14, § 16, h. t. D.).

ε. C'est en s'inspirant de cette dernière idée qu'Ulpien
accorde aussi l'action au commodataire et à celui qui
loue ses services. Au commodataire parce que, en rece-
vant la chose prêtée pour un usage déterminé, il s'est
implicitement engagé à veiller sur elle (G. III, § 206.
Ulpien, *l. cit.*); il a même cette action lorsqu'on dérobe
des accessoires de la chose prêtée, qui ne font pas partie
du prêt, par exemple les vêtements d'un esclave prêté
(l. 14, § 15, h. t. ff.). « *Quia* », nous dit Ulpien, « *custodia ad eum pertinet* ». Une loi de Justinien au Code (l. 22,
pr. h. t.) semble indiquer que ce droit du commodataire était controversé « *querebatur apud antiquos legum
interpretes* », pourtant aucun texte classique ne signale
la controverse. Mais si le commodataire, d'abord solvable, devenait insolvable avant d'exercer l'action, ou
s'il n'était solvable que pour partie, on se demandait si
cette action restait fixée sur sa tête ou retournait au
commodant ; « *an in hoc casu furti actio ambulatoria sit
nec ne* ». Justinien pour couper court à toute difficulté
donne la solution suivante. Le commodant qui connaît
le vol pourra à son choix exercer « *l'actio commodati* »
contre le commodataire ou « *l'actio furti* » contre le voleur, mais son choix est irrévocable (*Inst.* IV, 1, § 15).
Dans le premier cas, le commodataire aura seul désormais « *l'actio furti* » contre le voleur, et si le commodataire n'a été solvable que pour partie, peu importe,
le voleur est libéré vis-à-vis du commodant. Dans le
deuxième le commodataire est libéré, il n'a plus aucun
intérêt à avoir l'action.

ζ. Les mêmes principes sont appliqués par Gaius et
Justinien (G. III, § 205. *Inst.* IV, 1, § 15), en matière

de louage de services, au foulon à qui on dérobe les
vêtements qu'il avait mission de nettoyer et de ra-
commoder.

En matière de précaire lorsqu'on a délivré l'interdit
« *de precario* » au concédant, le concessionnaire a l' « *actio
furti* », car alors on a contre lui une action civile et il
répond de sa faute (l. 14, § 11, h. t. D.). Celui qui a
une chose en sa possession avec mission de l'examiner
« *ad rem inspiciendam* », l'héritier grevé d'un legs
d'option, ont aussi notre action pénale en cas de vol
parce qu'ils répondent des objets volés ; ils ont la « *custodia* ».

Le dépositaire au contraire n'est pas astreint à garder la chose, aussi il n'a aucun intérêt à avoir l' « *actio
furti* » qui appartient seulement au déposant propriétaire
(G. III, § 207. *Inst. eod.* § 17). Si c'est par son dol que
la chose est dérobée, le dépositaire devient responsable,
et pourtant la solution reste la même, car son dol ne
saurait lui donner une action (l. 14, § 3, h. t. D.)

Depuis Ulpien, le mandataire est tenu à la « *custodia* »,
il aura l' « *actio furti* » (l. 52, § 11, h. t. D.). Mais avant il
n'était tenu en règle comme le dépositaire que de son dol
et de sa « *culpa lata* » ; la preuve en est dans un texte de
Paul (l. 5, § 4, § 19, § 5, h. t. D.) où le mandataire n'est
tenu à la « *custodia* » que grâce à un pacte adjoint.

b. Il faut que l'intérêt soit légitime (l. 11. h. t. D.).
On n'accorde pas l'action au possesseur de mauvaise
foi, même s'il y a intérêt, dans le cas par exemple où
la chose est à ses risques (l. 12, § 1, h. t. D.)

Servius est seul de son avis pour accorder l' « *actio
furti* » au voleur volé (l. 76, § 1, h. t. D.) ; la règle générale
en effet est que malgré l'intérêt qu'aurait le voleur exposé aux poursuites du propriétaire de la chose volée, à

intenter notre action si la « *res furtiva* » lui est à son tour
dérobée, il ne le pourra pas, car l'action aurait ici
pour base une « *causa turpis* » (l. 14, § 4, h. t. D.).

En revanche ce voleur aura des interdits possessoi-
res contre toute personne qui le dépossède, serait-ce
même le véritable propriétaire.

Mais si le voleur vend l'objet volé et s'en voit dérober
le prix, ce prix n'est plus une « *res furtiva* » et il pourra
intenter l' « *actio furti* ». (l. 48, §§ 4, 7, h. t. ff.).

J'ai volé un esclave qui me dérobe un objet, un texte
(l. 67, § 4, *eod.*) fait ici exception à notre règle et me
donne l'« *actio furti* », car on ne veut pas que le délit commis par un esclave reste impuni.

c. Il doit exister un rapport de fait entre l'individu et
la chose. Ce rapport doit être de propriété, de possession
ou de détention (l. 66, § 5, h. t. D.). C'est parce qu'il fait
défaut que l' « *actio furti* » n'appartient : ni aux créanciers
du volé (l. 49, pr. h. t. D.) (et pourtant ils sont intéressés
à l'avoir car le vol peut avoir rendu leur débiteur insolvable) ; ni au créancier d'un corps certain dérobé entre
les mains du débiteur (l. 49, h. t. D.)

On vole entre les mains du mari la dot de la femme,
le mari seul aura l'« *actio furti* », parce que la femme pendant le mariage, n'a ni la propriété, ni la détention de
sa dot ; elle est seulement créancière de sa restitution
(l. 49, pr. ; l. 53, § 1, h. t. D.).

On dérobe un objet légué « *per damnationem* », le
légataire n'aura pas l' « *actio furti* ». Paul dans la loi 85
(h. t. D.) nous le dit expressément. Il en sera de même si
créancier « *e stipulatu* », on dérobe l'objet de ma créance
(l. 13, *eod.*).

Voici une application subtile de ce principe en matière
de gestion d'affaires (l. 80, § 7, *eod.*). Titius est absent,

je gère ses affaires ; un faux procurateur de « *Primus* » arrive à se faire payer par moi une somme d'argent que Titius doit à « *Primus* ». J'aurai, moi, contre ce faux procurateur l' « *actio furti* » mais Titius ne l'aura pas, car il n'y a aucun lien de possession ou de propriété.

Une chose est vendue, on la dérobe avant la tradition, le vendeur seul a l' « *actio furti* » ; seulement il doit la céder à l'acheteur ou lui en transférer le bénéfice après l'avoir exercée (l. 14, pr. h. t. D. ; *Inst.* III, 23, § 3). C'est là l'opinion de Celse, Julien et Ulpien. Paul (S. § 17, h. t.) est d'avis contraire, il croit que le vendeur et l'acheteur peuvent agir tous les deux. Cette antinomie n'est, je crois, qu'apparente. Le vendeur en effet n'a l' « *actio furti* » que pour la céder à l'acheteur ; il est possible que pour tout simplifier et éviter la cession, on ait accordé à l'acheteur une action utile [1]. Ou bien encore l'acheteur qui pouvait se faire céder l'action peut considérer cette cession comme sous-entendue, et si l'acheteur agit, l'action du vendeur devient irrecevable [2].

Dans tous les cas il est équitable, lorsque le vol est imputable au débiteur, que les personnes intéressées puissent demander des dommages par l'action du contrat ou « *rei uxoriæ* ou *ex legato* » suivant les hypothèses, et le débiteur recourra contre le voleur à ses risques et périls.

B. *Contre qui est donnée « l'actio furti »*. — En principe cette action est donnée individuellement et cumulativement contre toutes les personnes à l'égard desquelles on avait un droit de vengeance privée.

a. Contre l'auteur du vol. — Si le vol a été commis par plusieurs personnes, chaque coauteur est considéré

1. Conf. Cujas, *obs.* XXI, 19.
2. Conf. Accarias (*Précis*, t. II, p. 638 note).

comme ayant commis le vol pour le tout et chacun est
pour le tout soumis à « *l'actio furti* » (l. 55, § 1, 26, 7 ;
l. 1, § 18 *si is qui test.* 47, 4 D. : l. 1, C. 4, 8.).

Cette solution est rationnelle et conforme à la nature
des choses ; l'objet volé forme un tout indivisible, on ne
saurait admettre que chacun en eut seulement volé une
partie. Cette décision pourtant ne paraît pas avoir été
admise sans discussion. Un passage de Quintilien semble
nous révéler l'existence d'une controverse : « *illa quoque
quæstio* », nous dit-il, « *quæ ex numero ducitur pendet ex
jure... Quum duo fures pecuniam abstulerunt, separa-
tim quadruplum quisque an duplum debeat...* » (*Inst. or.*
VII, 4 et 6), mais à l'époque classique la question n'est
plus controversée.

b. Contre les complices. — Le fait de prêter aide et
assistance à quelqu'un pour commettre un crime ou un
délit, était certainement puni à Rome tout comme dans
nos Codes modernes, de nombreux textes le prouvent,
et, parmi eux, beaucoup sont relatifs à la matière du
« *furtum* » qui nous intéresse. Mais la langue romaine
n'avait pas de terme correspondant à notre mot moderne
« complicité ». Tous les textes relatifs à cette matière
appellent les complices des individus coupables « *ope
consilio* ». Cette malheureuse locution juridique a donné
naissance à une controverse ; nous devons la signaler,
car la sphère de notre « *actio furti* » sera plus ou moins
étendue suivant la solution adoptée. Ces deux termes for-
ment-ils un tout inséparable, doit-on les compléter l'un
par l'autre, faut-il exiger à la fois le concours de l' « *ops* »
(participation matérielle) et du « *consilium* » (participation
morale) pour que la complicité existe ? ou suffit-il pour
encourir la peine du délit que quelqu'un ait prêté à l'auteur de l'infraction le secours ou de son « *ops* » ou de son

« *consilium* » ? Si l'on se prononce dans le premier sens,
on nie l'existence à Rome de la complicité morale par
conseil ; on l'affirme au contraire, si c'est la seconde
opinion que l'on adopte.

Nous croyons que l'existence du « *consilium* » donné
non pas à la légère « *per jocum* », mais avec intention frauduleuse, et suivi d'exécution (*Inst.* IV, 1, § 11) suffit pour
donner naissance à la complicité en notre matière[1].

De très nombreux textes distinguent bien l' « *ops* » et le
« *consilium* ». Un texte d'Ulpien, au Digeste s'exprime
ainsi : « *consilium dare videtur qui persuadet et impellit
atque instruit consilio ad furtum faciendum : opem fert,
qui ministerium atque adjutorium ad subripiendas res
præbet* ». Ulpien en les caractérisant chacun à part, met
bien là en lumière les deux genres de complicité. La
partie de la formule de « *l'actio furti* » rapportée par Gaius
relative aux complices (IV, §. 37) est aussi probante :
… « *si paret ope* consiliove *D. H. filii furtum esse* »…
pourquoi aurait-on écrit « *consiliove* » si l' « *ops* » et le
« *consilium* » avaient formé un tout indivisible ? Le même
argument peut se tirer d'une série de lois qu'il est inutile de développer ici[2]. Dans toutes, le conseil apparaît
comme détaché du secours physique et donne lieu
comme lui à « *l'actio furti* ».

Les partisans de l'opinion contraire, pour bien établir
que la complicité ne peut pas résulter du simple con-

---

1. La loi 50, § 2 (h. t. D.) nous dit… « *sicut nemo furtum facit sine dolo
malo, ita non consilium ferre sine dolo malo posse* ». La loi 36 (pr. h. t.
D.) « *sane post veterum auctoritatem eo perventum est ut nemo concilium
habuisse noceat nisi et factum secutum fuerit* » (conf. 1. 53, pr. h. t. D. ;
1. 53, § 2, *de verb. sign.*, D.) le conseil coupable, ces textes le prouvent, exige bien les conditions que nous avons indiquées.

2. Voir notamment (1. 53, § 2, *de verb. sign.* ; 1. 6, *de cond. furt.* 13 :
1. 50, § 2, 1. 52 pr. ; 1. 91, § 1 ; 1. 52, § 19 ; 1. 52, § 23, h. t. D.).

seil, invoquent surtout le § 11 des « *Institutes* » (IV, 1) :
« *Certe qui nullam opem ad furtum faciendum adhibuit,
sed tantum consilium dedit, atque hortatus est ad furtum
faciendum, non tenetur furti* ». Ce texte, à première vue
semble bien prouver que le « *consilium* » détaché de
l' « *ops* » est tout seul impuissant à faire naître la complicité. Il est difficile d'interpréter la pensée de Justinien ;
on pourrait peut-être soutenir qu'il a voulu seulement
dire : « celui qui se contente de conseiller un vol n'est pas
tenu de l'*actio furti* » ; avec cette explication admissible,
notre opinion reste intacte. Nous l'avons vu en effet, le
simple donneur de conseil n'est pas un voleur ; pour être
punissable, il faut que le conseil soit donné avec intention frauduleuse et soit accompagné d'exécution. Si l'on
n'adopte pas cette explication, on n'a qu'à reconnaître, au
passage, une des nombreuses contradictions qui se
trouvent dans l'œuvre de Justinien. Mais un texte isolé
ne saurait déranger l'accord presque unanime, en faveur de la complicité morale, que nous rencontrons au
Digeste dans de nombreuses lois.

Donc ceux qui ont concouru à l'acte punissable soit
matériellement (*ope*) soit moralement (*consilio*) sont
soumis à l'action « *furti* » tout comme l'auteur principal
du vol.

Mais la complicité pour exister a besoin d'un délit principal sur lequel elle se greffe, si le délit n'est pas con-
sommé ou si l'auteur principal n'est pas passible de
l' « *actio furti* » en raison de sa bonne foi, l'instigateur
n'est pas puni (l. 66, § 4, h. t. D.).

Nous devons avec Justinien assimiler aux complices,
les receleurs, depuis la disparition des actions « *furti concepti et furti oblati* ». Dans l'hypothèse où ils auraient
promis d'avance de recevoir chez eux l'objet volé, on leur

5

applique invariablement la peine du « *furtum nec mani-festum* » (*Inst.* IV, 1, § 4 *in fine*).

Le complice est tenu « *furti* » comme l'auteur prin-cipal mais il ne l'est pas toujours par la même espèce d'action, ni dans la même mesure ; il n'est jamais « *fur manifestus* ». De là il résulte que pour le même objet, l'auteur principal peut subir l' « *actio furti manifesti* », tandis que celui qui l'a aidé ne sera exposé qu'à l' « *actio furti nec manifesti* » (l. 34, h. t. D.).

c. L' « *actio furti* » peut être donnée dans certains cas contre une personne souvent parfaitement innocente du délit ; c'est ce qui arrive dans tous les vols commis par les personnes « *alieni juris* », c'est-à-dire par des esclaves ou des fils de famille ; on doit alors intenter l'action « *noxa-liter* » contre le maître ou le « *paterfamilias* ». Le maître ou le « *pater* » ont le choix entre le paiement de l'amende ou l'abandon noxal de l'auteur du délit, car nous dit Gaius (IV, § 75). « *Erat iniquum nequitiam eorum ultra ipsorum corpora parentibus dominisve damnosam esse* ». C'est là, nous l'avons déjà indiqué, une des manifestations les plus frappantes et les plus vivaces du système primitif de la vengeance privée. Les personnes soumises à cet abandon n'avaient ordinairement pas de patrimoine, qui pût assurer le paiement, elles étaient livrées à la victime du vol qui assouvissait sur elle son ressentiment [1].

Justinien laissa subsister l'abandon noxal des escla-ves, mais il abolit celui des fils de famille, poussé par des motifs de convenance et ne voulant pas que des person-

---

1. L'abandon place le fils de famille « *in mancipio* ». Quand il a acquis le montant de l'amende le préteur ordonne son affranchissement (*Coll. leg. mos.*, II, 3). L'esclave est transféré à la victime du vol (l. 61, § 9, h. t. D.). Justinien nous dit qu'il est affranchi même « *invito domino* » quand il a gagné le montant de son amende (Inst. IV, 8, § 3), l'esclave voleur est ainsi mieux traité que l'innocent.

nes libres, des filles de famille surtout, fussent mises à
la merci d'autrui.

Il fait d'ailleurs observer que ces personnes peuvent
être poursuivies personnellement à raison de leurs délits (*Inst.* IV, 8, § 7).

Le maître est tenu de l'action noxale « *propter rem* »
tant qu'il possède l'esclave ; il est libéré s'il l'affranchit ou
s'il l'aliène. Alors dans le premier cas c'est l'affranchi lui-
même qui en est tenu (l. 38, § 1, *de nox. act.* 9, 4, D.) dans
le deuxième cas, c'est le nouveau maître. Les textes ca-
ractérisent cette particularité en disant « *noxa caput se-
quitur* » (*Inst.* IV, 8, § 5)[1]. L'action directe née contre un
homme libre qui tombe ensuite en servitude devient noxale (*Inst.* IV, 8, § 5 ; G. IV, § 77 ; l. 4, C. IV, 14). Si le
maître a connu le vol et ne l'a pas empêché on a en outre
contre lui une action directe, qui ne se cumule pas avec
l'action noxale (ll. 2 pr. et § 1, § 3, § 4 ; 5, § 1 *de nox.
act.* D.).

L'esclave voleur est indivis entre plusieurs personnes
chaque maître du chef du vol est tenu pour le tout (l. 8,
l. 39, *eod.* D.).

Le vol est commis par plusieurs esclaves appartenant
au même propriétaire (l. 1, pr. 47, 6, D.), le maître peut à
son choix abandonner tous les esclaves, ou payer ce qu'aurait dû un homme libre s'il avait commis le vol, c'est-à-
dire une seule amende. Le préteur l'a ainsi décidé pour
que les esclaves en volant ne ruinassent pas le maître ;
mais si le maître a connu le vol, il peut être poursuivi
directement ou « *noxaliter* » pour le tout (l. 1, § 1, *eod.* D.).

d. Certains vols commis par certaines catégories de
personnes ne donnent pas naissance à l'action « *furti* ».
C'est ainsi que le père de famille ou le maître ne pourront

---

1. Voir l'Étude de M. Girard *sur les actions noxales, loc. cit.*

jamais poursuivre judiciairement leurs fils ou leurs esclaves du chef de vols commis à leur préjudice par ces personnes, en puissance (l. 16 h. t. ; l. 4, 5, 1, D.). Car nous
disent les textes, « *lis nulla est cum eo quem in potestate
habemus* ». Le « *paterfamilias* » d'ailleurs n'a pas besoin
de recourir à la justice pour punir dans ce cas le coupable,
le droit de juridiction domestique qui lui appartient sur
les personnes de sa « *domus* » lui suffit (l. 17 pr. h. t. D.).

La solution reste vraie pour l'esclave affranchi ou le
fils de famille émancipé, après avoir commis le vol (*eod.*,
§ 1). L'action étouffée dans son germe ne saurait naître
plus tard. Mais s'ils sont restés en possession de l'objet
volé, la « *contrectatio* » existera après l'affranchissement
ou l'émancipation, le germe se sera développé, et l'action
pourra naître (l. 1, C. 3, 41).

J'ai acheté un esclave, il me vole ; plus tard, la vente
est rescindée, l'action ne naîtra pas, parce qu'en fait, j'ai
possédé l'esclave au moment du vol (l. 17, § 2; l. 67,
§ 3, h. t. D.), mais au nom de l'équité, je pourrais me
faire indemniser par l'action rédhibitoire.

Au contraire, si le vol de ma chose est commis par mon
esclave fugitif, Pomponius et Ulpien m'accordent « *l'actio
furti* » contre le tiers qui le possédera de bonne foi (l. 17,
h. t. D.). Si le vol a été commis par mon esclave à l'insti-
gation d'un tiers, j'ai contre ce dernier l'action « *servi
corrupti* » (l. 1 pr., § 5, 11, 3, D.) Si le fils a un pécule
« *castrens* », Ulpien nous dit : le père pourra intenter contre son fils voleur une action utile non infamante (l. 52,
§§ 4, 5, 6) et la réciproque est vraie (l. 52, § 6, h. t. D.).

Le vol est encore impossible entre époux « *nam in
honorem matrimonii turpis actio adversus uxorem nega-
tur* » (l. 2, 25, 2, D.), on a droit seulement à une réparation civile réclamée par l'action « *rerum amotarum* ».

Il ne l'est pas enfin entre affranchis, clients et patrons (ll. 89, 91, h. t. D.).

Une action « *in factum* » est donnée par le préteur contre les armateurs et aubergistes, responsables des vols commis sur les navires ou dans les hôtels au préjudice des voyageurs. Le volé a le choix entre cette action et l'action « *furti* » contre le voleur (l. 45, I, 5, D.).

Une action « *furti* » spéciale était donnée contre les publicains pour les vols commis par les esclaves préposés à la perception de l'impôt. « Dans ces cas, nous d'$_t$ M. Vigié dans son ouvrage sur les « *Douanes de l'Empire Romain* » (p. 123), le préteur considérait les esclaves comme formant une association particulière, et rendait le publicain responsable de tous les délits commis par un des agents employés : peu importait du reste que le publicain fût propriétaire ou simple possesseur des esclaves ; il suffisait que l'auteur du délit fût au nombre des agents employés à la perception. » Le publicain poursuivi, pouvait éviter la condamnation au moyen de l'abandon noxal ; mais la noxalité ne suivait pas là les règles ordinaires. Le publicain ne peut se soustraire à l'action qu'en produisant l'esclave qui a commis le délit. Il est tenu du délit « *in solidum* », non seulement quand il l'a commis ou l'a connu, mais quand il a été commis par un de ses esclaves qu'il ne peut retrouver [1].

C. « *Quantum de l'action furti* ». — « *L'actio furti* » est donnée au quadruple ou au double suivant que le vol est manifeste ou non. Mais comment arrive-t-on à déterminer la valeur simple que l'on doit ensuite multiplier par 2 ou par 4 suivant les cas? C'est ce que nous allons

---

1. L. 1, pr., § 6 (39, 4, D.)., « *Si hi non exhibebuntur, in dominos sine noxæ deditione judicium dabo* ».

Conf. Ruddorf « *edictum perpetuum* ». Leipzig, 1869, page 167.

indiquer. D'après les textes, trois éléments influent sur cette appréciation, ou lui servent de base, d'abord la valeur de l'objet volé, ensuite l'intérêt qu'avait le volé à ce que le vol ne fut pas commis « *id quod interest furtum factum non esse* », enfin l'époque à laquelle on doit se placer pour faire l'estimation. L' « *id quod interest* » servira toujours de base en matière de « *furtum usus vel possessionis* ». Pour le « *furtum usus* », par exemple, le déposant demandera au dépositaire voleur, le double ou le quadruple du simple, obtenu par « *l'actio depositi directa* ». Pour le « *furtum possessionis* », on multipliera le montant des impenses que le dépositaire aurait pu réclamer par « *l'actio depositi contraria* ».

En matière de « *furtum rei* », la valeur vénale de l'objet volé sera toujours, croyons-nous, un minimum d'appréciation, on en tiendra compte si l'intérêt qu'avait le volé à ce que le vol ne soit pas commis n'est pas supérieur à la valeur de l'objet. Au contraire, si l'intérêt du volé est supérieur à la valeur de la chose, ou si cette valeur est impossible à apprécier (l. 80, § 1, h. t. D.), c'est « *l'id quod interest* » qui servira de base pour déterminer le « *simplum* ». On me vole par exemple un esclave qui avait été institué héritier, il ne peut plus faire adition à mon profit, la valeur de l'hérédité comptera dans l'estimation (l. 52, §. 28 ; l. 67, h. t. D.) C'est dans ce sens qu'il faut, à notre avis, interpréter la loi 50 (pr. h. t. D.) d'Ulpien ainsi conçue : « *in furti actione non quod interest quadruplabitur vel duplabitur; sed rei verum pretium* ». Ce fragment semble en contradiction avec plusieurs textes du même auteur et d'autres jurisconsultes[1], mais il prévoit, croyons-nous, le cas où l'intérêt est égal ou inférieur à la valeur de l'objet.

1. Voir notamment (l. 27, pr., §§ 1, 2 ; l. 5', § 28 ; l. 17, § 1 ; l. 80, § 1, h. t. D).

Pour apprécier la valeur de l'objet, on doit considérer
la chose réellement volée sans tenir compte de l'intention du voleur. On a volé un vase d'or que l'on croyait
de cuivre, on calculera l'amende sur la valeur de l'or
(l. 21, § 2, h. t. D.).

Si, au milieu de plusieurs objets distincts, le « *furtum* »
n'a porté que sur un seul, par exemple, on a brisé un
coffre pour voler des perles, sans emporter le coffre,
l'action aura seulement pour base la valeur des perles
(l. 21, § 1, h. t. D.). Mais si l'on vole de l'argent contenu dans un sac, le sac est l'accessoire, on le vole avec
les écus, même si on n'en avait pas l'intention, c'est ce
qui résulte de la loi (21, § 3, h. t. D.).

Le vol de la partie n'est pas considéré comme le vol
du tout. Cette solution semble avoir d'abord fait hésiter
les jurisconsultes (l. 21, pr. h. t. D.). Mais la solution
change s'il s'agit d'une chose indivisible. Vous volez
une coupe dont les anses vous appartiennent (l. 21, § 4.),
vous êtes considéré comme voleur du tout pour deux
raisons, d'abord parce que la coupe et les anses forment
un tout unique, et ensuite, parce que les anses sont
l'accessoire de la coupe.

L'objet volé s'est transformé depuis le vol, un lingot
d'argent est devenu coupe, le raisin est devenu vin ; le
montant de l'« *actio furti* » se base sur cette transformation nouvelle (l. 55, § 4, h. t. D.).

Si depuis le vol la chose a péri ou diminué de valeur,
on tiendra compte de sa valeur au jour du vol ; les
risques sont à la charge du voleur (l. 50, pr. h. t. D.). Si
au contraire la chose a augmenté, c'est de la plus grande
valeur par elle atteinte à un moment quelconque qu'on
devra tenir compte (*l. cit.* h. t. D.). Le vol, en effet, est un
délit continu qui se renouvelle tant que la « *res furtiva* »

reste aux mains du voleur. Il serait absurde d'admettre, nous dit la loi 67 (§ 2, h. t. D.), que la prolongation du vol améliore la condition du coupable.

Si l'« *actio furti* » est donnée pour un même vol à plusieurs personnes, au propriétaire par exemple et à l'usufruitier, le multiplicande ne sera pas le même pour chacun ; pour le premier, on multipliera la valeur de la nue propriété ; pour le deuxième, la valeur des fruits.

Dans tous les cas de vols, la charge de la preuve incombe au volé (l. 52, § 25, l. 19, pr. et § 1 à 5, h. t. D.).

L'exercice simultané d'une action pénale et d'une action réipersécutoire en dommages est certainement possible[1]. C'est ainsi que, avant l'introduction de la « *condictio furtiva* », le volé, tout en intentant l'« *actio furti* », peut, en matière de « *furtum usus* », réclamer, semble-t-il, des dommages et intérêts à l'aide de l'action même du contrat.

Dans le « *furtum possessionis* », le volé a l'interdit « *utrubi* », qui sert à protéger la possession des choses mobilières, ou l'« *actio pigneratitia directa* » contre le créancier gagiste qui enlève sa propre chose. En matière de « *furtum rei* », le volé a l'« *actio ad exhibendum* » et l'action en revendication donnée pour se faire rendre la chose contre quiconque l'a entre les mains (sans parler des actions contractuelles qu'il peut avoir si c'est un locateur, un prêteur, etc.). Plus tard, on eut en outre la « *condictio furtiva* », plus avantageuse dans certains cas[2]. Mais le vol peut exister concurremment avec d'autres délits. On vole par exemple un esclave et on le blesse, on est tenu « *furti* » et du chef de la loi Aquilie. Ou bien on sou-

---

1. Voir not^t, l. 34, § 2, *de obl. et act.* 44, 7, D. : l. 7, § 1, *de cond. furt.* 13, 1, D.

2. Inst. (IV, 1, § 19).

met à la flagellation l'esclave volé et on le tue ensuite. On est, dans ce cas, sous le coup de trois actions: l' « *actio injuriarum* », l' « *actio furti*, l'*actio legis Aquiliæ* ». Le cumul de toutes ces actions pénales est-il possible ?

Ulpien se prononce pour l'affirmative, « car un délit ne peut pas en effacer un autre » (l. 2, 47, 1, D.).

Modestin, au contraire, n'accorde que deux actions (l. 53, pr. *de obli. et act.* 44, 7, D.), et Paul l. 34 *eod.* permet seulement de demander jusqu'à concurrence du « *quantum* » de l'action la plus avantageuse.

L'opinion d'Ulpien nous paraît être la plus conforme à la justice, c'est celle qu'on a fini par adopter, Hermo-génien nous le dit (l. 32, *de obl. et act.* D.), et ce qui le prouve, c'est que Justinien la reproduit aux « *Institues* » (IV, 9, § 1).

D. *Extinction de l' « actio furti* ». — Elle peut s'opérer « *ipso jure* » ou « *exceptionis ope* ».

a. « *Ipso jure* ». — L'action « *furti* » avec son caractère pénal est attachée à la personne physique du voleur, elle ne passera pas contre les héritiers du coupable (l. 41, § 1 h. t. D.) si ce dernier meurt avant la « *litis contesta-tio* » (l. 164, *reg. jur.* 50, 17, D.). En vertu de ce principe, l'action suivra l'esclave voleur en toutes mains. Dans aucun cas la « *capitis deminutio* » qui n'atteint que la personne civile ne pourra la faire disparaître. Si le vo-leur est fait prisonnier, il est considéré comme mort, l'ac-tion s'éteindra, mais le « *jus postliminii* » la fera revi-vre lorsqu'il recouvrera sa liberté (l. 1, priv. del. 47, 1, D.).

La loi des XII Tables avait déjà permis de transiger sur l'action « *furti* », c'était rationnel, celui qui peut se venger doit aussi pouvoir renoncer à la vengeance. Ce principe s'est maintenu dans le dernier état du droit. On peut renoncer à l'action pénale par un simple pacte

librement intervenu après le vol. Au contraire celui que
l'on aurait conclu par anticipation serait nul car « *pacta
quæ turpem causam continent non sunt observanda* » (l. 27,
§ 4, « *de pactis* » 2, 14, D.). Si le voleur, après le vol, tombe
sous la puissance du volé, l'action devient impossible
(l. 43, § 12, h. t. D.). Les Sabiniens déclaraient l'extinction
définitive. Les Proculiens décidaient que l'action para-
lysée en l'espèce redevenait possible lorsque la puissance
avait cessé. C'est l'opinion des Sabiniens que Justinien
adopte. Elle était probablement la plus ancienne et
se basait sur cette idée, qu'il n'y avait plus lieu de permettre au volé de se venger, quand il a déjà pu le faire.

b. « *Exceptionis ope.* » — Lorsqu'un vol a porté sur
plusieurs objets on ne peut pas intenter « *l'actio furti* »
successivement à propos de chacun de ces objets, car
« *l'exceptio furti una facti* » qui pourra être opposée par le
voleur dès qu'il aura été poursuivi de ce chef une fois,
s'y oppose. La solution change si le vol a été commis
par plusieurs personnes ; il est de règle, en effet, que
l'on a dans ce cas « *l'actio furti* » pour le tout contre
chaque coauteur (l. 56, § 5 ; l. 83, § 1, h. t. D.).

Si le volé défère le serment au prétendu voleur, ce
dernier, sous le coup de « *l'actio furti* », pourra se défendre en invoquant l'exception « *jurisjurandi* » (l. 13,
§ 2, 12, 2 D.).

« *L'actio furti* » est mise par le préteur au nombre des
actions pénales qui entraînent l'infamie (l. 1. pr., l. 4
§ 5, *de his qui not. inf.* 3, 2, D.). Des déchéances d'ordre
public étaient attachées à la personne de ceux qui avaient
été condamnés pour vol ; ils ne pouvaient pas par exemple
faire partie du Sénat dans les municipes Romains (voir
a loi « *Julia municipalis* » Giraud. « *Enrichidion* »,
page 6 22, « *caput* » VIII).

D'après ce qui nous est dit par Gaius (C. IV, § 37), voici quelle a été, croyons-nous, la formule probable du « *furtum* : »

1° Contre l'auteur du vol: « *si paret N^m N^m A° A° furtum fecisse pateræ aureæ, quam ob rem N^m N^m pro fure damnum decidere oportere* [1] *quanti eam rem paret esse, tantæ pecuniæ dupli* (*vel quadrupli*) *judex N^m N^m A° A° condemnato* ».

2° Contre les complices : « *Si paret* (*ope*) *consiliove N^m N^m furtum factum esse* [2]... »

En vertu de la symétrie existant entre les formules « *in jus* » de la procédure formulaire et les Actions de la Loi [3], la formule du vol doit correspondre au discours du demandeur dans l'action de la loi : « *Aio te mihi...* »

Appendice A. — Outre « *l'actio furti* » le volé a droit à des dommages-intérêts. Il pourra les réclamer suivant les cas, comme nous l'avons vu par l'action en revendication, l'action « *ad exhibendum* » ou d'autres. Mais ces actions ne peuvent être intentées si la chose a péri ; de plus elles donnent seulement droit à la valeur de l'objet au moment où on les exerce ; si la chose est dépréciée

---

1. « *Id est de furto pascici* ».

2. Ruddorf, *op. cit.*, pages 134 et 135 donne en les discutant les diverses formules des actions « *furti manifesti, concepti et oblati, prohibiti, non exhibiti* ». Les mots « *pateræ aureæ* » sont expliqués par la loi 19, pr. h. t. D. « *in actione furti sufficit rem demonstrari, ut possit intelligi* ». « *Pro fure damnum* », signifierait la peine pécuniaire que le volé doit payer pour être renvoyé. Τό διδόμενον (voir dans Ruddorf, p. 134, note 4, les documents auxquels il renvoie) « *Decidere* » fait allusion à une transaction possible sur l'action « *furti* » (l. 9, § 2, D. « *de min.* » (4, 4); l. 7, pr. « *de cond. furt.* » (13, 1); l. 42, § 1; l. 46, § 5; l. 61, §§ 1, 2, 5, D. h. t.; G. C. IV, § 45).

« *Quanti eam rem paret esse* ». A propos des mots « *quanti esse* » Ulpien nous dit (l. 193, *d. verb. sign.* 50, 16 D.): « *hæc verba non ad quod interest, sed ad rei æstimationem referuntur* ».

3. Accarias II, p. 866. — P. Girard, *les actions noxales* pages 43`, 442.

on perd. Aussi on introduisit une « *condictio furtiva* » action réipersécutoire, de droit plus récent, par laquelle le propriétaire pouvait se prétendre créancier de sa propre chose et en demander la valeur réelle (*Inst.* IV, 1, § 9. Digeste, *de cond. furt.* 13, 1).

Nous ne devons pas étudier ici cette action civile, mais pour résumer notre travail sur « *l'actio furti* » et mettre bien en évidence en les groupant ses principaux caractères, nous allons comparer cette dernière avec la « *condictio furtiva* ». Nous relevons entre les deux six différences, toutes relatives au caractère pénal de « *l'actio furti* ».

1° « *L'actio furti* » est donnée contre le voleur, le complice et le recéleur, la « *condictio furtiva* » contre le voleur seul.

2° « *L'actio furti* » étant une action pénale, basée sur le droit de vengeance, ne passe pas contre les héritiers, car la vengeance s'éteint à la mort de l'auteur du délit ; la « *condictio* » étant une action réi persécutoire, qui porte sur le patrimoine d'un individu, passe contre les héritiers.

3° La « *capitis deminutio* » éteint la « *condictio furtiva* » et n'éteint pas « *l'actio furti* » qui ne peut disparaître que par la mort physique.

4° Un simple pacte intervenu entre le voleur et le volé éteint « *l'actio furti* », car celui qui peut se venger peut aussi renoncer à la vengeance. La « *condictio furtiva* » n'est pas susceptible de s'éteindre par simple pacte.

5° L'esclave est capable de s'obliger « *civiliter* » par ses délits, s'il commet un « *furtum* », on aura « *l'actio furti, noxaliter* » contre le maître ; le maître pourra s'y soustraire par l'abandon noxal de l'esclave. Au lieu que l'esclave n'étant pas capable de s'obliger valablement par un quasi-contrat, on n'aura pas la « *condictio furtiva* » contre lui.

6° Les délits ne sont pas possibles entre les personnes

de la même « *domus* », par conséquent si le fils a commis un « *furtum* » contre son « *paterfamilias* », le « *pater* » n'aura pas l' « *actio furti* ». Mais il est le chef tout-puissant dans sa famille, il exercera en cette qualité son droit de répression domestique. La « *condictio furtiva* », action en dommage, est au contraire possible, et si le fils a un pécule, à l'époque de la liquidation le père déduira le montant de la « *condictio* » sur l'actif du pécule.

« *Appendice B. Rapina* ». — A une certaine époque la « *Rapina* » qui est le vol commis avec violence fut séparée du « *furtum* », et le préteur [1], voulant punir plus sévèrement ce genre de délit, inventa pour la réprimer l'action « *vibonorum raptorum* », que l'on eut la faculté d'intenter à la place de « *l'actio furti* ».

Établie d'abord pour réprimer les dommages causés par des bandes armées (Cicéron, *pro Tull.* 7. 12) elle fut étendue à toute rapine dont se rendait coupable un homme isolé (l. 2, pr. et §§ 6, 7, 9, 11, 47, 8 D.).

Par cette action Prétorienne on peut pendant une année utile demander le quadruple du préjudice causé. Après l'année on n'a plus droit qu'au simple ; dans ce dernier cas, l' « *actio furti* » devenait plus avantageuse.

Cette action est mixte, à la fois pénale et réipersécutoire, en ce sens qu'elle comprend un quart donné à titre de réparation de dommage, et trois quarts à titre de peine. Le Préteur lui applique pourtant exclusivement les règles des actions pénales (voir ce titre D.). A partir d'une certaine époque, la « *rapina* » devint comme le vol une sorte de délit public organisé par la loi *Julia de vi*.

M. de Savigny pense que l' « *actio furti* » a été à l'origine, et avant l'introduction de la « *condictio furtiva* » une action ayant un caractère mixte semblable à l' « *actio*

1. Probablement Lucullus en 678.

vi bonorum raptorum » calquée sur elle. Pour soutenir
sa thèse, il tire son principal argument du « *pro jure
damnum decidere* » que nous avons rencontré dans la formule de l'action « *furti* » et qui signifie pour lui « réparer
le dommage causé par le vol. » Après l'introduction de
la « *condictio furtiva* », ce caractère mixte ne peut plus
se maintenir, aussi l'« *actio furti* » se transforme, elle devient exclusivement pénale. Cette opinion, que nous de-
vions signaler, a pour elle l'autorité d'un grand nom,
elle est soutenable, mais ne peut pas s'appuyer sur un
texte formel[1].

1. Savigny (*Traité de droit Romain*, t. V, p. 53, n. 1).

CHAPITRE III

Après avoir généralisé le système des compositions légales, il restait encore une dernière étape à franchir pour en arriver à la notion du délit telle qu'elle est contenue dans nos codes modernes.

L' « *actio furti* » avait remplacé le droit de vengeance privée ; mais elle n'était que la réglementation légale de ce droit. La victime du vol pouvait seule l'intenter et seule elle profitait de l'amende. Il fallait que l'État, pour achever son œuvre, arrivât à prendre en main l'initiative des poursuites, infligeât des peines publiques, et fît bénéficier de l'amende non plus la partie lésée, mais le trésor public ; en un mot, il fallait que le vol, délit privé, devint un « *delictum publicum* ». Cette répression par l'État implique la notion de délit considéré comme un mal social[1]. Pour le « *furtum* » cette transfor-

---

1. La répression des crimes et des délits par l'État n'est pourtant pas toujours à elle seule un « criterium » bien certain de civilisation. — Ainsi chez les populations de l'Afrique centrale d'un niveau intellectuel peu développé et soumises à un gouvernement despotique, le roi a le droit de haute justice, et le vol, par une rigueur exagérée, entraîne la peine de mort (Letourneau « Sociologie » Paris, 1880, p. 495).

mation ne fut jamais complète en ce sens que l' « *actio furti* » telle que nous l'avons étudiée, se maintint jusque dans le dernier état du droit Romain ; seulement à partir d'une certaine époque, on put à son choix intenter cette action ou faire réprimer le vol en général à l'aide de poursuites criminelles (l. 92, h. t. D.).

Cette transformation de la nature du vol, opérée si lentement à Rome, et jamais d'une façon complète, a été bien plus rapide dans trois législations de l'antiquité, chez lesquelles on trouve déjà, à l'origine de leur développement social, malgré une disproportion entre la faute et les peines, surtout les peines corporelles, la répression des délits par l'État ; nous voulons parler des législations Indoue, Égyptienne et Hébraïque.

Pendant longtemps, on n'a connu la législation de l'Inde que par les lois de Manou et le code plus récent de « Yâjnavalkyia ». Mais nous possédons depuis quelques années la traduction Anglaise ou Allemande d'une série de livres Brahmaniques en vers ou en prose récemment mis à jour[1]. On peut suivre ainsi le développement de la science du droit pendant plusieurs siècles. Ces nouveaux codes, à part quelques particularités que nous avons eu l'occasion de signaler, ne nous donnent pas en matière de vol des renseignements plus complets que les lois de Manou dont la rédaction remonte probablement à 200 ans environ avant notre ère[2].

Dans l'Inde ces lois nous révèlent[3] déjà une législa-

1. Voir pour la nomenclature de ces Codes, Dareste (*J. d. S.*, année 1884, p. 45).

2. La rédaction des autres codes se place conjecturalement entre le VIᵉ et le IIᵉ siècle avant notre ère, celui de Yâjnavalkyia est plus récent (Dareste, *J. d. S.*, p. 46).

3. Thonissen, *Histoire du droit criminel* chez les peuples anciens. Paris, 1869.

tion pleine de vitalité. Les malfaiteurs sont pour les
Indous les ennemis de la société ; le roi est le chef de la
justice nationale (Manou, VIII, 139, 307). C'est lui qui
inflige les peines corporelles, attachées au vol, c'est lui
aussi et non la partie lésée qui reçoit le paiement de l'a-
mende. Les peines pécuniaires que Manou édicte subissent une aggravation, pour le même délit, d'après l'intel-
ligence présumée du coupable. Le Brahmane est le sa-
vant de l'Inde ; c'est pour lui qu'on réserve surtout toutes
les cultures intellectuelles. Il doit avoir, grâce à son
éducation privilégiée, une notion du bien et du mal
plus nette que celle des autres hommes ; s'il commet un
délit, il est plus coupable ; aussi le punit-on de l'amende
la plus forte. En matière de vol, l'amende qu'il encourt
est 64 fois et même dans certains cas 128 fois plus forte
que la peine ordinaire, celle d'un Kchâttrya (classe mili-
taire et royale), homme d'une caste immédiatement
inférieure à la sienne est moindre de moitié. Le Vaïcya
(classe commerçante et agricole) et le Soudra (classe
servile) payaient l'un 16 fois l'autre 8 fois seulement
l'amende normale (st. 337, 338). Cette graduation des
peines implique une profondeur de vue psychologique
que l'on voudrait retrouver dans nos codes modernes.
Malheureusement c'est la progression inverse qui est
suivie pour les peines corporelles, et elles sont nombreuses en matière de vol. Grâce à un ridicule préjugé
de caste, le Brahmane n'en subit aucune. Les châtiments
de cette nature sont surtout réservés aux classes infé-
rieures, comme aux esclaves à Rome et aux roturiers
au Moyen âge [1].

Les peines corporelles du vol variaient aussi suivant la
nature de l'acte, et l'importance des intérêts. Le voleur

1. Montesquieu : *Esprit des lois*, 1, VI, ch. 10.

le plus coupable est celui qui vole de l'or à un Brahmane. « Il doit apporter au roi une massue et avouer
son acte, s'il est tué ou renvoyé par lui il est purifié. »
(st. 314, 316). Nous trouvons dans l'Inde le système
des peines expressives, analogues au crime.

On coupe la main au voleur qui vole au delà d'une
certaine somme. S'il dérobe les vaches d'un Brahmane,
on lui enlève la moitié du pied. Le coupeur de bourse
perd deux doigts à son premier vol, un pied et une main
à son second. Le voleur de nuit subit le supplice du pal,
après s'être vu enlever les deux mains (VIII, 322, 325, 334;
IX, 276, 277).

Par une rigueur bien exagérée les lois de Manou prononcent la peine de mort : contre celui qui par de fausses
offres de services, s'empare du bien d'autrui (VIII, 193) ;
contre celui qui enlève des individus de bonne famille
ou des bijoux d'un grand prix (VIII, 323) ; contre les
coupeurs de bourse deux fois récidivistes, ou ceux leur
ayant fourni nourriture et logement [2] (IX, 277, 278) ;
enfin contre les voleurs flagrants pris avec l'objet dérobé
et l'instrument du vol (IX, 270). Dans tous les autres
cas, on applique l'amende, le bannissement, ou des peines
corporelles arbitrées par le juge (IX, 270).

La sphère du vol est très étendue, on considère comme
voleur : celui qui réclame en justice un dépôt non fait
(VIII, 191) ; celui qui abuse de la correction domestique
(VIII, 299, 300), enfin celui qui vend le bien d'autrui.

A côté de ces peines humaines, Manou, qui admet la
métempsycose, place des peines imaginaires dans des
existences futures, naïvetés qui cadrent mal avec le développement juridique que nous venons de constater.

---

2. Nous trouvons une disposition analogue dans l'article 61 de notre
Code pénal moins la rigueur du châtiment.

Le voleur de grain par exemple, est affligé de dyspepsie ; le voleur de vêtements a la lèpre ; le voleur de farine a un membre de moins (IV, 168 : XI, 48 et suiv. XII, 55 et suiv.).

Malgré ces imperfections, ce que nous devons retenir c'est que Manou possède déjà une notion claire de la lésion que le vol cause au peuple tout entier, même lorsqu'on se trouve en présence d'intérêts individuels lésés.

Nous avons moins de renseignements directs pour l'Égypte. Ce qui est certain (Thonissen, *op. cit.*) c'est que la repression des délits et des crimes était déjà sociale comme pour l'Inde ; les annales de la vieille Égypte l'attestent. La justice était rendue par le roi, les prêtres et les magistrats. Le père avait aussi une juridiction patrimoniale, il était compétent pour les vols domestiques[1].

Diodore de Sicile (l. 1, c. 80) raconte que le vol n'était pas puni ; il prétend que les voleurs se groupaient ouvertement sous les yeux de l'État, autour d'un chef tenant un registre détaillé sur la nature et la provenance des objets dérobés, et le volé pouvait les réclamer moyennant rançon[2]. Ce serait la seule législation fournissant un exemple de ce genre. En présence du degré de civilisation de l'antique Égypte, cette tolérance est inadmissible. Elle est surtout incompatible avec les mœurs d'une société où le chef de famille devait faire connaître ses moyens d'existence, et où la peine de mort était

1. Un des tableaux retrouvés dans les Hypogées de Beni Hassan le prouve (Thonissen, *op. cit.*, p. 31).

2. Thonissen adoptant l'explication de de Paw, pense que l'on a pris pour une loi Egyptienne un traité intervenu entre les Arabes nomades, brigands de profession, qui dépouillaient les caravanes et faisaient des excursions dans les cantons voisins des frontières (*op. cit.*, p. 240 et suiv.).

prononcée contre ceux qui vivaient de gains illicites[1], or
le vol est un gain illicite au premier chef. De plus des
documents prouvent que certains vols étaient réprimés.
Quatorze siècles avant votre ère le papyrus Abbott[2] nous
rapporte l'emprisonnement et la mort d'une bande de
voleurs organisée à Thèbes pour dévaliser les tombes
de la Nécropole.

Nous avons sous les Pharaons l'exemple biblique de
Joseph (*Genèse*, XLIII et XLIV). Après l'arrestation de
Benjamin et la découverte de la coupe cachée dans son
sac, les fils de Jacob disent à Joseph : « nous sommes vos
esclaves » ; on base sur ces paroles une opinion possible
d'après laquelle il semble que le vol entraînait la servitude pénale[3].

En droit Hébreu, dans la loi de Moïse la peine est
basée à la fois sur l'expiation du mal, la compensation
du tort causé, et la nécessité de l'exemple pour imposer
la crainte aux pervers. Il existe une balance équitable
entre le délit et la peine. On doit restituer l'objet et
payer une somme au moins égale à sa valeur. Les
voleurs étaient jugés par Moïse, qui est la personnifica-
tion d'un tribunal suprême, ou des magistrats désignés
par le peuple. L'Exode prévoit et punit un certain
nombre de vols.

Si quelqu'un ayant volé un bœuf ou une brebis, les
vend ou les tue, il rendra 5 bœufs pour un et 4 brebis pour une (22, 1). Si le voleur est découvert ou tué
au moment de l'effraction d'un mur, celui qui l'a tué
n'est pas responsable de son sang, il l'est au contraire

1. Voir Thonissen (*op. cit.*).

2. Une enquête judiciaire à Thèbes au temps de la XXe dynastie
(*étude sur le papyrus Abbott*, par G. Maspero. Paris. 1872).

3. Opinion du marquis de Pastoret (Thonissen, *op. cit.*, page 237).

si le soleil est déjà levé. On vendra le voleur insolvable
(22, 23). Si l'objet volé est retrouvé vivant entre les
mains du voleur, il payera le double de sa valeur (22, 4).
La violation du dépôt est aussi punie du double
(22, 7, 9). Il est question seulement du vol de bœufs ou
de brebis, parce qu'on n'a prévu que le « *plerumque fit* »
chez des peuples pasteurs. Mais le vol est évidemment
prohibé d'une façon absolue. Si le voleur restitue
avant la poursuite, il échappe au châtiment.

On ne distinguait pas comme à Rome le vol avec ou
sans violence. La violence est de droit chez des peuples
guerriers, elle ne saurait être un motif d'aggravation.

Il résulte de ce que nous venons d'indiquer que le
droit Hébraïque offre quant aux peines du vol une
certaine analogie avec le droit Romain. Mais il s'en distingue essentiellement en ce que la répression de notre
délit était sociale (voir Thonissen, *op. cit.* t. I, p. 199 et
suiv., t. II, p. 210 et suiv).

A Rome tout délit est privé, c'est la règle, à moins
que l'on ne l'ait classé parmi les « *delicta publica* ».

La poursuite des délits publics fut d'abord confiée aux
« *duoviri perduellionis* », ainsi appelés parce que les premiers crimes que l'autorité publique punissait étaient
ceux portant atteinte à la sûreté de l'État. Le roi prési-
dait à l'instruction et au jugement. Mais la véritable
souveraineté en cette matière appartient au peuple avec
l'organisation des comices par curies. Nous en avons la
preuve dans le fameux procès d'Horace, et surtout dans
les nombreux témoignages qui établissent le droit à la
« *provocatio ad populum* » [1].

Sous la République le peuple exerce ordinairement la
juridiction criminelle à l'aide des comices par tribus qui

1. Cicéron, *Rép.*, II, 3¹ ; *Tuscul.*, IV, 1 ; Sénèque, *Epistola*, 108.

prononcent les peines d'amende, et des comices par cen-
turies auxquels on réserve les peines capitales. Les tri-
buns et les édiles sont les accusateurs.

A partir du VII⁰ siècle on délègue le droit de répression pénale à des tribunaux permanents appelés « *quæstiones perpetuæ* » instituées d'abord annuellement pour
juger les délits les plus graves et les plus fréquents. A
l'origine une loi créait chaque question spéciale. Ce ne
fut plus le régime de l'arbitraire, il y eut alors un véritable
droit pénal public ; on réglait pour chaque délit nouvel-
lement soumis à cette juridiction la pénalité, le mode d'ac-
cusation, la marche de l'instance, la composition du tribunal. On nommait aussi un préteur ou un consul chargé
d'instruire le procès. La première « *quæstio* » fut instituée
par la loi Calpurnia (149 av. J.-C.) contre les concussions
des magistrats, c'est la « *quæstio repetundarum* [2] ».

Peu à peu, les divers espèces de « *furtum* » que nous
allons énumérer et le vol ordinaire furent soumis à la
compétence de ces tribunaux qui finirent par absorber
tous les « *judicia publica* », soit à l'aide d'une « *quæstio
perpetua* » soit à l'aide d'une « *quæstio extraordinaria* ».

Sous l'empire les « *quæstiones perpetuæ* » tombèrent
peu à peu en désuétude. La juridiction pénale appartient
à l'Empereur qui la délègue à certaines catégories de
fonctionnaires. C'est ainsi qu'à Rome la poursuite publique des vols est confiée au préfet des Vigiles (f. 2,
47, 18 ; f. 3, § 5, 1, 15 D.) et hors de Rome au gouverneur
de province.

En matière de *furtum*, pour opérer la transformation
de délit privé en délit public, on procéda d'abord par

---

2. Willems, *Droit public*, 4⁰ édit. Paris 1880 ; Walter, *op. cit.* ;
Maynz, administration des justices criminelles (*Revue hist. du droit*,
1881-1882).

espèces. Il est remarquable de constater que les premiers
vols soumis à des poursuites publiques ont tous un caractère religieux. Nous trouvons déjà, à l'époque des
XII Tables, un genre de vol qui était considéré comme
un « *crimen publicum* [1] », c'est le vol de récoltes (Giraud,
Enchiridion, Tab. VIII, 8, *e Plinio, Hist. nat.* XVIII. 3)
« *frugem quidem aratro quæsitam furtim noctu pavisse
ac secuisse puberi XII Tabulis capital erat, suspensumque
Cereri necari jubebant, gravius quam in homicidio con-
victum; impubem prætoris arbitratu verberari, noxiamve
duplionemve decerni*». Ce vol a un caractère religieux, les
récoltes étaient consacrées à Cérès, et il devait être soumis primitivement à la juridiction sacerdotale du collège
des pontifes. Le voleur offensait directement ici la divinité protectrice des récoltes, et la peine publique qu'il
encourait était l'expiation de cette offense. Cette conception primitive du délit et de la peine est très probablement, nous avons eu occasion de le dire, le premier
vestige du droit objectif. Plus tard, la justice civile, sous
l'influence d'idées religieuses, s'en empare et réprime,
au nom de l'intérêt social, ce qu'on avait d'abord puni
au nom de la religion offensée.

L'édit du préteur mentionne aussi une « *actio popu-
laris ob sepulcrum violatum* [2] », par laquelle on poursui-
vait celui qui avait dépouillé un cadavre enterré; et
sous les empereurs, ce vol doublé d'un sacrilège fut
puni d'une peine extraordinaire (F. 3, § 7, 47, 11, D.).

Plus tard, à l'époque où fonctionnaient les « *quæs-*

1. Conforme Maynz (*Cours de droit r.* t. II, page 451, note 9).

2. Les actions populaires intentées par « *quivis e populo* » se rappro-
chent beaucoup des délits publics, quoique l'autorité n'intervienne pas
directement. On comptait sur l'activité des citoyens pour sauvegarder
l'intérêt commun, pour les stimuler, on leur attribuait l'amende (Voir
Walter, *op. cit.*, p. 19).

tiones perpetuæ », la loi « *Julia de peculatu* » soumit à la juridiction de ces commissions permanentes le « *pecu-lator*[1] » ou voleur de trésor public. On infligeait aux coupables la peine de l'interdiction de l'eau et du feu. Les condamnés étaient privés des choses essentielles à la vie, il n'était permis à aucun habitant du sol Italique de leur donner asile, et on les forçait ainsi à s'exiler.

De même, nous dit Paul dans ses *Sentences* (l. V, t. 19), le voleur qui commet la nuit un vol sacrilège dans un temple est donné en pâture aux bêtes ; et si le vol a été commis de jour, il est ou déporté ou condamné aux mines, suivant son rang social.

Les généraux d'armée avaient un droit de juridiction pénale sur leurs soldats. Les militaires qui volaient au camp étaient soumis à des peines rigoureuses. Ils en-couraient tantôt la bastonnade, tantôt la mutilation du poing droit. Enfin, ils devaient parfois subir une saignée devant la tente du général. La saignée diminuait tem-porairement la force du soldat, et en lui enlevant ainsi sa principale qualité, on lui infligeait une humiliation très réelle (Polybe, VI, 7 ; Frontinus, *Stratèg.* IV, 1, 16).

Si le maître pouvait faire subir des supplices atroces à ses esclaves, il n'avait aucune action pour les vols domestiques peu importants commis par ses esclaves, ses affranchis ou ses journaliers (l. 89, h. t. D. ; l. 11, § 1, 48, 19, D.).

Mais c'est surtout sous l'empire et depuis Trajan que les textes nous indiquent des poursuites criminelles ap-pliquées à diverses espèces de vols. « *L'abigeat* » ou vol

---

1. De « *pecus* » troupeau d'où « *pecunia* ». A l'origine chez les peuples pasteurs on se servait de têtes de bétail en guise de monnaie pour les échanger, et les premières monnaies portaient probablement comme effigie des têtes de bétail.

de bestiaux est ainsi réprimé (l. 1, 23, *de abig.* 47, 14, D.;
Paul, S. r. V, 18). Un texte du Digeste (*l. cit.*) nous dit
qu'Hadrien condamnait aux mines, ou à la relégation, ou
encore à combattre, comme gladiateurs, les individus
qui pillaient les troupeaux. On les punissait aussi dure-
ment parce que les soustractions de cette nature étaient,
paraît-il, très fréquentes, et on pratiquait l'abigeat
« *quasi artem* » (*l. cit.*).

Les auteurs de vols commis dans les bains publics
encourent aussi ces mêmes peines, si le vol est commis
par eux à main armée, sinon « *in pœna eorum operis
publici temporarii modum non egrediendum* ».

Les « *directarii* », c'est-à-dire ceux qui pénètrent dans
les demeures avec l'intention de voler (l. 7, 47, 11 ;
ll. 1, 2, 47, 18, D.) ; les pillards (l. 1, § 1, 47, 18, D.),
ceux qui commettent des soustractions avec effraction
(l. 1, § 1, 47, 17 ; l. 1, § 2, 47, 18, D.) ; les gardiens de
vêtements dans les bains publics qui détournent frandu-
leusement les objets confiés à leurs soins (l. 3, § 5,
1, 15 D.) encourent des peines analogues.

Les voleurs nocturnes sont plus coupables que les
autres ; après les avoir battus de verges, on les con-
damne aux mines. Les voleurs de jour, après ce même
supplice de la flagellation, doivent être condamnés au
travail perpétuel ou temporaire (l. 2. 47, 18 D.).

Nous devons citer enfin l' « *oratio* » de Marc-Aurèle,
qui créa le « *crimen expilatæ hereditatis* » (Digeste, à ce
titre 47, 19 ; l. 6, C. 9, 32).

On le voit par ces développements, la liste des vols
frappés de peines publiques qui commence à se former
sous la République s'élargit peu à peu sous l'empire.
Mais, à partir d'une certaine époque, la répression par
l'État peut s'appliquer à tous les vols.

Un texte de Julien au Digeste nous l'indique (l. 56, § 1, h. t.) et cette repression générale dont le préfet des Vigiles était chargé, nous apparaît avec un caractère nettement tranché de généralité, dans beaucoup d'autres lois ; et surtout dans le fragment 92 (h. t.). « *Meminisse oportebit nunc furti plerumque generaliter agi et eum qui agit in crimen subscribere : non quasi publicum sit judicium sed quia visum est temeritatum agentium etiam extraordinaria animadversione coercendam. Non ideo tamen minus, si quis velit, poterit civiliter agi* [1] ».

A quelle époque précise cette répression exista-t-elle ? Le texte de Julien prouve qu'elle existait déjà sous Hadrien (117-138), car il est extrait du livre 22 de son Digeste, et le livre 27 a forcément été écrit avant la mort d'Hadrien, attendu que Julien y donnait une solution qui a été écartée par un rescrit d'Hadrien (fr. 22, 38, 2 D.). Le préfet des Vigiles est également cité, comme mettant à mort les esclaves coupables de vol, par Pomponius (fr. 15 *d. cond. c. d.* 12, 4, D.), dans son commentaire sur Sabinus qui est antérieur au Digeste de Julien, car Julien qu'il cite d'ordinaire dans ses autres ouvrages, n'y est jamais cité. On peut même se demander si le préfet des Vigiles n'aurait pas eu ce pouvoir de répression à l'époque où Auguste a organisé la préfecture des Vigiles ; en présence du même fr. 15, qui cite l'opinion de Labéon, contemporain d'Auguste, et sur l'hypothèse, semble-t-il. Au contraire, cette juridiction du préfet des Vigiles, ne pouvant remonter plus haut que la création du corps des Vigiles, ne peut être antérieure à la fondation de l'empire.

La peine publique infligée au voleur dans ce cas,

1. Conf. (l. 3, pr., § 1, 1, 15 ; l. 13, pr. 1, 18 ; l. 11, § 1, 48, 19, D. ; Novelle, 134, c. 13).

était d'abord une peine afflictive du genre de celles que nous venons d'indiquer et sous Justinien l'exil. Il défend, dans la Novelle 134, de priver dans aucun cas les voleurs de la vie ou de leurs membres.

Il résulte clairement de ce texte que l' « *actio furti* » n'était pas abolie, on pouvait l'intenter si on voulait, on avait le choix entre les deux poursuites, sans pouvoir les cumuler. Il est probable qu'on choisissait les poursuites criminelles, surtout lorsqu'on était en présence d'un voleur insolvable.

Après ces détails, nous pouvons conclure en constatant que, dans le droit de Justinien, l'idée de la répression publique du vol est définitivement dégagée. Le vol ne peut plus jamais donner lieu à la vengeance en nature. Mais l' « *actio furti* » continuant à pouvoir être intentée, notre délit peut encore fonder une composition légale.

TABLE DES MATIÈRES

DROIT FRANÇAIS

DE LA FAILLITE

DES

SOCIÉTÉS COMMERCIALES

INTRODUCTION

Notre Code de commerce est presque complètement muet sur la faillite des sociétés commerciales. La même lacune se rencontre dans le nouveau projet de loi sur les sociétés, ainsi que dans celui sur les faillites [1]. Si quelques lambeaux d'articles s'occupent fort sommairement de la faillite des sociétés en nom collectif (art. 438, al. 2; 458, al. 2; 531; 604, al. 2, C. com.), on ne mentionne même pas la faillite des sociétés anonymes.

La faillite des sociétés commerciales donne pourtant naissance en pratique à une série de questions délicates. La jurisprudence a dû, pour les résoudre, tantôt s'inspirer par voie d'analogie des règles du droit commun, tantôt rendre des décisions d'espèces basées sur l'équité. Sur beaucoup de points, elle est nécessairement incomplète et flottante. C'est elle pourtant, malgré ses imper-

---

1. Voir cependant le projet Saint-Martin ou plusieurs articles sont consacrés à la faillite sociale.

fections, qui devra presque exclusivement nous servir
de guide dans le travail que nous entreprenons.

Est-ce à dire que le législateur devrait réglementer
formellement toutes les questions controversées auxquelles les liquidations des sociétés en faillite donnent
naissance ? Nous ne le croyons pas. Une législation qui
voudrait être trop complète en pareille matière, serait
plus gênante qu'utile. En effet, le législateur serait
obligé de prévoir dans une longue série d'articles, un
grand nombre de difficultés susceptibles de se présenter
dans la pratique.

Ce serait pour lui une tâche par trop difficile, qui
aboutirait à créer un dédale inextricable de textes, au
milieu desquels les praticiens eux-mêmes finiraient par
se perdre[1]. Il 'aut ici forcément ne pas trop enchaîner
les décisions des tribunaux. Directement aux prises avec
les contestations particulières qui leur sont soumises,
ils voient les difficultés de la pratique, ils peuvent les
approfondir plus complètement que ne saurait le faire un
texte de loi, et donner une équitable satisfaction aux
intérêts en jeu.

Mais si une réglementation minutieuse et complète
ne nous semble pas nécessaire, on pourrait, en s'inspirant des législations étrangères, toutes plus explicites
que la nôtre, en matière de faillite sociale, fixer par un
texte formel sur plusieurs points généraux, que nous
indiquerons lorsque nous les rencontrerons dans le
cours de notre sujet, une jurisprudence mal assise et
dont la réglementation précise, en facilitant la tâche du
juge, lui servirait de point de repère. Sans avoir l'intention d'analyser séparément les textes étrangers, nous
indiquerons à propos des principales questions qui vont

1. Conf. Thaller, *Faillite en droit comparé*, t. II, p. 302.

nous occuper les décisions de quelques législations
étrangères. Ce rapprochement, en permettant de comparer nos solutions avec celles des textes éirangers, fera
ressortir les lacunes de notre loi écrite et donnera un
moyen de les combler.

Disons seulement ici que la plupart des législations
étrangères consacrent une section spéciale à la faillite
des sociétés. Le Code Italien, notamment, s'en occupe au
titre VII (art. 846 à 854) et le nouveau Code Espagnol
dans les sections VII et VIII. C'est surtout de ces législations que l'on devrait s'inspirer, pour réglementer notre
matière ; elles sont conçues dans le même esprit que la
nôtre ; elles admettent comme nous la personnalité morale des sociétés commerciales.

Dans le Code Allemand de 1877, les faillites des sociétés sont examinées à la fin du livre II (§§ 193 à 201).
Les Allemands ne reconnaissent pas la personnalité morale des sociétés qui n'ont pas pour eux d'existence juridique indépendante. Leur vie est liée à celle de leurs
membres. Il semble dès lors que la faillite d'un être qui n'a
pas d'existence propre ne saurait être possible.

Il n'en est pas ainsi ; les textes prévoient expressément
la possibilité d'une faillite sociale. D'après les théories
allemandes, on se trouve en effet en présence d'un patrimoine social indivis distinct des autres biens appartenant aux associés, affecté à une destination commune,
sur lequel les créanciers sociaux ont un droit de préférence ; les règles de la faillite portant moins sur la
personne que sur les biens, doivent s'y appliquer.

La loi Anglaise ne reconnaît pas non plus la personnalité morale à toutes les formes de sociétés commerciales. Parmi leurs trois sortes de sociétés qui sont, les
« Partnerships » sociétés en nom collectif, « les corpora-

tions », sociétés anonymes ayant besoin d'une autorisation pour fonctionner, les « registered companies » sociétés à capitaux libres pour lesquelles on exige la publicité par l'enregistrement [1], la personnalité morale n'existe que pour les corporations. Mais malgré cela les Anglais ne leur appliquent pas les règles de la faillite. Elles sont remplacées par une liquidation judiciaire minutieusement réglementée. L'acte du 7 août 1862 consacre une centaine de sections (de 74 à 173) à cette liquidation.

Quant aux autres sociétés, à la « Partnership » surtout qui est la société type, le statut de 1883 ne parle que de la faillite d'un « partner » et nullement de celle de la société.

Notre travail comprendra quatre grandes divisions sous lesquelles nous examinerons exclusivement les questions particulières relatives :

I° A l'ouverture de la faillite sociale ;

II° A l'organisation du personnel de la faillite ;

III° Aux effets de la faillite ;

IV° Aux solutions de la faillite.

Lorsque les règles générales des faillites appliquées aux sociétés n'offriront aucune particularité à signaler, nous nous contenterons d'un renvoi pur et simple au droit commun. En vertu de ce principe, nous ne nous occuperons pas des sociétés étrangères. Les quelques questions de droit international qui peuvent s'y rattacher, soit sur la compétence des tribunaux Français soit sur l'autorité des jugements de faillite étrangers, appliquées à notre matière n'offrent aucune particularité, et nous entraîneraient trop loin. Elles ont plutôt leur place dans un traité général des faillites.

1. Voir pour plus de détails sur les sociétés Allemandes et Anglaises, Thaller, *op. cit.*, p. 315 et suiv.

PREMIÈRE PARTIE

Ouverture de la Faillite

CHAPITRE PREMIER

CONDITIONS D'OUVERTURE

Les sociétés commerciales sont des personnes morales commerçantes qui peuvent se trouver en état de cessation de paiements, par conséquent elles doivent pouvoir être déclarées en faillite tout comme les simples particuliers. Les quelques articles de notre Code de commerce qui s'occupent de la faillite des sociétés ne laissent aucun doute à cet égard, en tant du moins qu'il s'agit d'une société en nom collectif ou en commandite. Mais la question a été discutée pour les sociétés anonymes, et si aujourd'hui la jurisprudence est déjà depuis longtemps fixée en faveur de l'affirmative, une partie minime de la doctrine admet encore la négative. Nous devons donc examiner brièvement les deux opinions en présence.

Pour soutenir la négative on a dit: le Code de commerce est muet, et ce silence s'explique. Le législateur avait ici des raisons particulières pour ne pas admettre la faillite des sociétés anonymes. Dans ces sortes de sociétés il n'existe pas en effet d'associé personnellement tenu; dès lors comment appliquer les déchéances attachées à la personne du failli qui découlent de la faillite. Le failli par exemple est privé de l'exercice de ses droits politiques. La faillite suppose en outre la déclaration du nom des faillis, la représentation de leur personne, leur emprisonnement dans certains cas, comment pourrait-on appliquer toutes ces conséquences directes de la faillite à une association de capitaux? c'est une liquidation forcée qui seule doit être ici admise [1].

On a répondu victorieusement à ces arguments en disant d'abord, que si notre Code de commerce ne dit rien de particulier sur la faillite des sociétés anonymes, c'est parce que pour elles les règles ordinaires de la faillite ont paru suffisantes au législateur. Tandis que pour les sociétés en nom collectif dont on s'est occupé exclusivement, on a jugé bon d'édicter des prescriptions spéciales : notamment celles des art. 438[2] et 458 visant les associés en nom qui n'existent pas dans les sociétés anonymes. D'ailleurs les incapacités dont on parle ne sont pas de l'essence de la faillite. Les dispositions de la loi en cette matière ont surtout pour but d'assurer les intérêts des créanciers; de les saisir dès le principe de leur gage par l'intermédiaire d'un syndic administrateur; de mettre sous la surveillance de la justice, le patrimoine actif du failli pour arriver à le répartir équitablement entre tous. Les créanciers d'une société anonyme sont dignes de cette protection légale tout comme ceux des autres sociétés et ceux des commerçants ordinaires. Enfin, et cet argument suffirait à lui seul pour nous faire admettre

---

1. Conf. Renouard, *Traité des faillites*, t. I, p. 261 ; Massé, t. II, n° 1169.

2. Par la force même des choses, il va sans dire que ces prescriptions doivent être étendues aux associés responsables *in infinitum* dans les sociétés en commandite.

l'affirmative, la société anonyme est un commerçant, or
aux termes de l'article 437 (C. com.) : « Tout commerçant
qui cesse ses paiements peut être déclaré en faillite »
donc la société anonyme doit pouvoir être déclarée en
faillite.

Le Code Belge qui se rapproche beaucoup du nôtre
admet pourtant expressément dans son article 440 la possibilité de la faillite des sociétés anonymes. Toutes les
autres lois étrangères promulguées depuis 1851 l'admettent aussi [1].

Si les formalités relatives à la personne du failli ne
peuvent pas ici être accomplies, il en est de même aux
termes de l'article 437 2e al., lorsque le failli est mort ou
absent, et pourtant dans ces cas la déclaration de faillite
reste possible.

Les sociétés anonymes seront représentées par leurs
anciens gérants ou leurs liquidateurs dans le cas de liquidation avant la faillite ou de dissolution de la société
après le jugement déclaratif. Ils exerceront dans l'intérêt social les droits que la loi accorde au failli soit pour
recevoir le compte, soit pour accepter ou proposer une
des diverses solutions indiquées par la loi en matière de
faillite. Les créanciers auront de leur côté le syndic pour
défendre leurs intérêts, attaquer les actes faits en fraude
de leurs droits, et veiller à la répartition de l'actif. La
liquidation judiciaire n'offre aucune de ces garanties,
et serait tout à fait insuffisante. Avec elle notamment
les créanciers conserveront l'exercice de leurs droits et
actions individuels : ceux qui seront diligents s'empres-
seront dès l'ouverture de la liquidation d'obtenir contre
la société des jugements de condamnation emportant

1. Voir Thaller, *op. cit.*, t. II, p. 312.

hypothèque judiciaire sur les immeubles sociaux, à leur profit et au préjudice de la masse.

De plus la faillite seule annule les actes faits pendant la période suspecte ; aussi l'entente possible intervenue entre les administrateurs et certains créanciers avant la liquidation serait sans elle maintenue, même si elle a eu pour but de porter atteinte à l'égalité devant le gage.

L'opinion qui admet la faillite possible pour une société anonyme et que nous adoptons est celle de la jurisprudence et de la presque unanimité des auteurs[1].

a. Sociétés en participation. — Les sociétés qui sont des personnes morales peuvent seules être déclarées en faillite. Les associations en participation visées par les articles 47 à 50 du Code de commerce n'ont pas ce caractère. Elles ne sont soumises à aucune publicité. Tous les associés restent dans la coulisse ; le gérant seul est connu du public. Il fait profession de commerçant. Il pourra être déclaré personnellement en faillite, si la société suspend ses paiements. Les participants, chacun pour leur part viendront à cette faillite en qualité de créanciers, et sans qu'on puisse leur opposer leur qualité d'associés[2].

b. Sociétés civiles à forme commerciale. — Il ne suffit pas qu'une société qui a cessé ses paiements soit une personne morale pour qu'elle puisse être déclarée en faillite, il faut de plus en l'état actuel de notre droit que cette société ait quant au fond le caractère commercial. De là il résulte que les sociétés civiles même à

---

1. Conf. Lyon-Caen et Renault, *Précis*, n° 3113 ; Boistel, n° 894 ; Pardessus, n° 1146 ; Rousseau, n° 2036.

Cass. 14 juillet 1862, S. 62, 1, 933 ; Paris, 12 juillet 1869, S. 71, 2, 133 ; Paris, 5 février 1872, D. 74, 3, 235.

2. Voir Cass. req. rejet., 22 décembre 1874, D. 76, 1, 172.

forme commerciale échapperont aux règles de la faillite.

Un courant d'opinion se produit qui tend à assimiler au point de vue de la faillite, les commerçants et les non-commerçants. Cette assimilation existe en Allemagne et en Angleterre où la faillite est en principe une procédure de liquidation applicable sans distinction à tous les débiteurs insolvables. La jurisprudence Française tend aussi à organiser la déconfiture sur des bases analogues à celles de la faillite. Un grand nombre de nos tribunaux placent le patrimoine des débiteurs civils insolvables, sur leur demande ou sur celle des créanciers, entre les mains de liquidateurs ou de sequestres judiciaires, auxquels ils attribuent les pouvoirs d'un véritable syndic exerçant les droits et actions de tous les créanciers[1]. Sans aller jusque-là et sans discuter les avantages de cette assimilation complète, nous pensons que l'application des règles de la faillite aux sociétés civiles à forme commerciale s'impose au nom de la justice et donnerait en pratique d'excellents résultats. Le criterium qui sert à distinguer les deux est très imparfait. On prend pour base la nature des opérations sociales pour établir si la société est commerciale ou non. Or, le public qui donne son argent sous forme d'obligations, par exemple à une

---

1. Voir Pic, *Traité théorique et pratique de la faillite des sociétés commerciales* (Paris, Rousseau, 1887), p. 9 et suiv.

Garraud, « De la déconfiture et des améliorations dont la législation en cette matière est susceptible, IIIe partie, ch. 6 ; et « Des liquidations judiciaires, de leur pratique et de leur légalité », *Journal des faillites*, 1882, p 149 et suiv.

Valette, *Revue de droit français et étranger*, 1849, p. 923 et suiv. — Cette façon de procéder de la part des tribunaux n'est pas légale. Les règles de la faillite en effet sont exorbitantes du droit commun, on ne saurait les étendre par voie d'analogie. La Cour de cassation l'a spécifié dans divers arrêts. 17 janvier 1855, S. 55, 1, 102 ; 10 juillet 1876, S. 76, 1,405.

société civile anonyme ou par actions, se préoccupe fort
peu du but poursuivi par cette société. Il connaît seulement les garanties légales qui sont attachées à la forme
de cette société, et il croit le cas échéant pouvoir compter sur elles. Il est injuste de ne pas les lui accorder. La
distinction des deux genres de société est tellement arbitraire et subtile que les juristes eux-mêmes sont em-
barrassés. Les opérations d'une société peuvent être, en
effet, fort complexes, et l'on a vu des tribunaux, après
des discussions interminables sur la nature des sociétés,
aboutir à des décisions contradictoires ; déclarer par
exemple, comme le rapporte M. Lyon-Caen, société civile, la société par actions des eaux de Plombières et
commerciale celle des eaux d'Enghien[1]. En raison, sinon
au point de vue des articles 632 et 633 de notre Code de
commerce, le commerce est une série d'efforts appliqués à la mise en valeur d'objets, en vue du seul bénéfice. Toutes les sociétés civiles à forme commerciale
n'ont pas d'autre but. En divisant par exemple son capital en actions, on fait toujours appel au crédit, et le fait
de cette division suppose qu'on attend un bénéfice supérieur à l'intérêt légal.

Pourquoi distinguer arbitrairement les sociétés suivant la nature de leurs opérations ? Une société immobi-
lière par exemple se forme pour acheter des fonds de
terre et les revendre avec bénéfice. On dit les fonds de
terre ne sont ni des marchandises ni des denrées, la
société est civile. Si cette même société construit des
immeubles sur ses fonds de terre, elle spécule alors sur
la main-d'œuvre et sur la valeur locative, elle devient
commerciale[2]. A quel moment précis cette transforma-

---

1. *Bulletin de législation comparée*, année 1875.
   Cass., req., 29 avril 1885 ; D. 85, 1, 225.

tion s'opère-t-elle et quelle est sa raison d'être ? Il est
difficile de l'établir. Pour couper court à toutes ces distinctions par trop subtiles, nous croyons avec M. Lyon-
Caen qu'il serait bon d'insérer dans notre code un texte
conforme à l'article 174 du Code de commerce allemand
ainsi conçu : « Toute société en commandite par actions,
est considérée comme société de commerce lors même
que son objet n'aurait rien de commercial ; » et l'article 208 établit la mêmes règle pour les sociétés anonymes. On aura ainsi remplacé, pour le genre de société
qui nous occupe, la liquidation livrée au hasard par les
règles équitables et précises de la faillite.

c. La société à capital variable ne constitue pas, on
le sait, une espèce nouvelle de société. Elle est susceptible d'emprunter les règles soit des sociétés civiles à
forme commerciale soit de celles en nom collectif en
commandite ou anonymes. Elle ne se distingue des
divers genres que nous avons examinés que par la varia-
bilité de son capital. Nous déciderons en conséquence,
qu'elle pourra être déclarée en faillite conformément aux
principes des diverses sociétés dont elle aura emprunté
les règles.

CHAPITRE II

DU TRIBUNAL COMPÉTENT POUR DÉCLARER LA FAILLITE SOCIALE.

Pour qu'il y ait faillite légale il faut pour les sociétés comme pour les individus un jugement déclaratif. Deux tribunaux appartenant à deux ressorts judiciaires différents peuvent avoir déclaré la même faillite. Il y a lieu, dans ce cas, à un règlement de juges conformément à l'article 363 du Code de procédure civile. On doit alors déterminer quel sera le tribunal compétent; la règle de l'unité de la faillite l'exige.

Aux termes de l'article 438 (deuxième alinéa) le tribunal compétent pour déclarer la faillite est celui où se trouve le siège du principal établissement de la société, alors même qu'une succursale existe dans un autre ressort [1]. La règle admise par cet article vise seulement les sociétés en nom collectif, mais on doit l'étendre par voie d'analogie aux autres sociétés. Le principal établissement correspond au domicile général d'un individu (C. civ. art. 102); mais une difficulté s'élève sur le point de savoir où est ce domicile social. Nous trouvons trois doctrines en présence. Une première s'en tient au lieu d'émission d'actions. Elle s'est surtout produite en

---

1. Conf., Cass. 26 décembre 1871, D. 72, 1, 200 ; Cass. 16 mars 1874, S. 75, 1, 51.

droit international, lorsqu'il s'est agi de déterminer la
nationalité de telle ou telle société. On l'a abandonnée
aujourd'hui parce que son criterium n'est pas net. Aussi
nous la mettons d'abord de côté.

Une deuxième opinion veut qu'on fixe ce domicile au
siège d'exploitation. Une troisième enfin préfère le siège
de l'administration, où la société a le centre de sa vie
juridique. Il importe de se prononcer entre ces deux dernières opinions, car le siège de l'exploitation et celui de
l'administration peuvent se trouver dans deux ressorts
judiciaires différents, une frontière même peut les sépa-
rer et les tribunaux compétents ne seront pas les mêmes
dans les deux cas.

La troisième opinion qui est celle de la jurisprudence
Française nous paraît la meilleure, et nous l'adoptons [1].
Une série d'arrêts récents la consacrent et la justifient.
D'après eux le principal établissement où doit se faire la
déclaration de faillite, se trouve au siège social indiqué
par les statuts. C'est là où est le centre des affaires de la
société commerçante. La vie juridique de la société se
manifeste à ce siège social. C'est là d'où émane la véritable direction des affaires. De là partent les instructions
données pour l'exploitation les conventions passées avec
les fournisseurs, les marchés de vente, les avis d'expé-
dition, le mouvement des effets de commerce. C'est là
enfin le siège des assemblées générales et de toute la

1. Voir Cass. 15 mars 1875, S. 75, 1. 260 ; 29 juin 1875, S. 75, 1, 338 ;
28 avril 1880. S. 81, 1, 22 ; 9 août 1881, J. P., 82, 361 ; 30 janvier 1882
(J. P. 82, 362) ; req. 13 février 1884, S. 84, 1, 264. Enfin un arrêt
de cassation du 1er février 1881, S 81, 1, 120. Il vise particulièrement
la faillite d'une compagnie de chemin de fer, et dit : « Elle se déclare
au siège social, là où la société a son domicile statutaire, où siège
le conseil d'administration, où se tiennent les assemblées générales, où
sont centralisés les fonds et les comptes. Peu importe que l'exploitation du chemin de fer soit hors du siège. »

comptabilité ; en un mot le centre de toutes les affaires sociales.

Peu importe que l'usine soit dans un autre lieu; ce n'est là que le lieu d'exploitation, et il ne saurait constituer le principal établissement. C'est du siège social que viennent tous les actes juridiques qui dominent le trafic. Les actes d'exploitation, ont un caractère manuel et mécanique. Les chefs d'exploitation sous la tutelle du siège social, ne sont que des agents délégués par le conseil d'administration par exemple ; subordonnés et révocables.

Comme le fait remarquer M. Thaller [1] au point de vue international surtout cette doctrine est conforme à l'équité, « nombre de sociétés, dit-il, formées en France, commanditées par l'épargne Française, seraient désagréablement surprises d'apprendre que leur situation chez nous est irrégulière parce que si leur centre d'affaires est en France, leur siège d'exploitation est à l'étranger, et que les sociétés des pays où elles fonctionnent ne sont pas recevables à plaider en France !.. »

1. Voir la *Revue critique* de 1883 ; examen doctrinal.

CHAPITRE III

LA FAILLITE DISSOUT-ELLE LA SOCIÉTÉ ?

Nous nous trouvons, à propos de cette question, en présence de deux systèmes.

a. Pour soutenir que la faillite entraînait la dissolution on a dit. « Aux termes de l'article 1865 du Code civil l'extinction de la chose est une cause de dissolution des sociétés ; la faillite produit cette extinction, et par conséquent doit entraîner la dissolution. » M. Troplong[1] qui a surtout développé cet argument, trouve que si la société peut obtenir un concordat (art. 531) ce n'est pas parce qu'elle existe *hic et nunc,* c'est parce qu'elle a existé, et les gérants dans l'espèce agissent plutôt comme liquidateurs que comme gérants.

Cet argument aurait quelque valeur si, chez nous, la faillite provenait toujours de l'insolvabilité évidente du commerçant. Mais il n'en est pas ainsi, et il peut arriver que la faillite ait pour cause un embarras momentané et que l'actif du failli soit supérieur à son passif. Dans ce cas, la chose, qui est ici le fonds social existe évidemment, et son extinction ne peut pas être une conséquence nécessaire de la faillite. Le failli est remis à la tête de ses affaires. La faillite n'a été qu'un incident. Or, cet

1. Soc. civ. et comm., t. II, n° 939.

incident ne saurait entraîner une conséquence aussi grave, aussi irrémédiable que la dissolution de la société.

b. On a dit encore en faveur de la dissolution[1] : la déconfiture d'un associé, aux termes de ce même article 1865, dissout une société civile, et la faillite d'un associé produit, de l'aveu de tous, ce même effet en matière de société commerciale. Si la faillite d'un associé dissout la société, par argument d'analogie, il doit en être de même de la faillite sociale.

Nous répondons : cette prétendue analogie n'existe pas. La faillite d'un associé produit la dissolution parce que cet associé ne va pas pouvoir tenir ses engagements. Le syndic de cette faillite va immédiatement demander à retirer de la masse sociale les apports du failli, et fera réaliser, comme c'est son devoir, les droits qui lui appartiennent dans la société. En présence de cet état de choses, l'apport de cet associé étant enlevé, la société ne peut plus fonctionner ; la réalisation de l'apport suppose une liquidation. En l'état, la faillite d'un associé crée à la société une situation de fait telle qu'il faut forcément arriver à la dissolution. La faillite de la société, au contraire, n'est pas une surprise, c'est une situation commune que tous ont dû prévoir. La société ne doit pas être anéantie ; après cet arrêt d'un moment, lorsqu'elle a désintéressé intégralement ses créanciers, ou bien lorsqu'elle a obtenu un concordat elle doit pouvoir reprendre sa marche.

c. M. Pardessus[2], partisan de la doctrine que nous combattons, formule un troisième argument qui consiste à dire : la faillite, par l'effet du dessaisissement,

---

1. Amiens, 30 janvier 1867 (D. 69, 1, 98).
2. *Traité de droit commercial*, n° 1060.

détruit la capacité commerciale du failli, or, les sociétés,
êtres fictifs, n'existent que par l'effet de cette capacité
commerciale, dès qu'elle disparaît, la société est immédiatement anéantie. A cela, nous répondrons : cette
capacité commerciale n'est pas détruite irrévocablement
par la faillite, elle est seulement suspendue jusqu'au
moment où le failli sera remis à la tête de ses affaires,
après avoir désintéressé ses créanciers ou après avoir obtenu un concordat. Ce qui est vrai pour les individus l'est
aussi pour les sociétés. Une société en faillite peut être
remise à la tête de ses affaires, elle peut obtenir un concordat, personne ne le conteste [1]. Or, si la société était
dissoute, le concordat serait impossible, il n'aurait aucune raison d'être. La possibilité de ce concordat indique
bien, quoi qu'en pense M. Troplong (*loc. cit.*), que la
société a encore une personnalité propre. Nous admettrons par conséquent, avec la majorité des auteurs et la
jurisprudence [2], que la faillite n'entraîne pas la dissolution de la société.

Le Code Italien (art. 849) et la loi Allemande (123)
consacrent l'opinion contraire, mais ils sont obligés de
se contredire après, en admettant la possibilité d'un concordat pour une société anonyme.

En adoptant l'opinion de la non-dissolution, il semble
difficile d'admettre que, par l'effet de la faillite, les re-

1. Nous aurons à revenir sur ce point surtout en ce qui concerne
les sociétés anonymes en nous occupant des solutions de la faillite :
disons seulement que l'art. 531 en permettant de ne consentir un concordat en faveur seulement d'un ou de plusieurs associés, suppose
qu'un concordat pourra être consenti à la société considérée collecti-
vement.

2. Conf. Cass., 9 mai 1854 (S. 54, 1, 673) ; Lyon 1862 (D. 63, 2, 95).
Paris 1869, S. 71, 2, 233 (avec une note de Lyon-Caen). La solution
donnée implique la non-dissolution en admettant la possibilité d'un
concordat pour une société anonyme.

présentants de la société, gérants ou administrateurs, ne
continuent pas à la représenter, parce que la faillite
entraînerait la révocation de leur mandat, aux termes
de l'article 2003 du Code civil. Il faudrait alors nommer
des liquidateurs, or, les liquidateurs n'ont de raison
d'être que si la société est dissoute. L'argument tiré de
l'article 2003 du Code civil ne porte pas, car en matière
de société en nom collectif ou en commandite, les associés qui administrent ne sont pas des mandataires ; ils
agissent aussi bien pour leur propre compte que pour
celui de la société ; et pour les sociétés anonymes [1], en
fait, le mandant n'est pas l'être moral société, mais plutôt la réunion de tous les bailleurs de fonds ; il faudrait
donc que tous soient en faillite pour admettre la révocation du mandat. D'ailleurs, ou ces administrateurs en
exercice ont bien géré, alors ils sont au courant de la
gestion et plus compétents que d'autres pour représenter la société en présence du syndic ; ou ils ont mal géré,
et de ce chef l'assemblée conserve le droit de les remplacer.

1. Conf. Paris 12 juillet 1869, S. 71, 2, 23 ', *J. P.* 71, 79.

CHAPITRE IV

LA FAILLITE SOCIALE ENTRAINE-T-ELLE CELLE DES ASSOCIÉS ?

Il est incontestable que la faillite d'un associé, même en nom collectif ou commandité, n'entraîne pas la faillite de la société. Un associé, en effet, peut faire un commerce séparé de celui de la société, et son patrimoine propre peut avoir croulé à la suite de spéculations malheureuses. Ses dettes personnelles jointes à sa part des dettes sociales, dépassent son actif personnel augmenté de sa part d'actif social ; il cesse alors individuellement ses paiements, et pendant ce temps-là la société demeure prospère. Ces deux situations sont fort compatibles entre elles [1].

Mais la réciproque est-elle aussi indiscutable, la faillite sociale n'entraîne-t-elle pas celle des associés? Une réponse négative s'impose, en tant qu'il s'agit des commanditaires et des actionnaires, on pourra seulement les déclarer en faillite, s'ils font un commerce séparé de celui de la société.

Si on est en présence de commanditaires qui, après s'être immiscés dans la gestion ont été déclarés respon-

---

1. Cass. req. 25 août 1883, *J. des faillites*, 1883, 243 à 248. Cass. 5 mars 1879, S. 79, 1, 201. L'arrêt s'occupe de la faillite d'un agent de change et décide que la faillite de cet agent de change n'entraîne pas celle de la société constituée pour l'exploitation de la charge.

bles des dettes sociales en vertu de l'article 28 (C.com.) ou de fondateurs et d'administrateurs ayant encouru une responsabilité analogue en raison d'une nullité de la société [1], la solution reste la même d'après MM. Lyon-Caen et Renault [2] ; car en principe, ils ne sont pas, pour cela, devenus des commerçants. Nous reviendrons bientôt sur cette question. (*Cp. Cassat.* 19 *février* 84, S. 85, 1, 263, *cet arrêt admet la possibilité de la faillite des administrateurs*).

Il en est autrement en matière de société en nom collectif ou en commandite, pour les associés tenus personnellement. La question de savoir si la faillite sociale entraînait aussi celle de ces associés, après avoir été vivement discutée, semble presque unanimement aujourd'hui résolue en faveur de l'affirmative.

Pour soutenir la négative on disait : la société est une personne civile qui a son individualité propre, distincte de celle de chacun de ses membres ; un actif et un passif complètement séparés de celui de chaque associé. Les accidents qui frappent la société ne sauraient influer sur les associés. — La société a une individualité propre, c'est vrai, mais ce qui ne l'est pas moins c'est que ces associés sont tenus [3] *in infinitum* des dettes sociales ; leur sort est intimement lié à celui de la société. Si la société ne peut pas satisfaire à ses engagements, c'est que les associés solidaires ont laissé en souffrance les dettes sociales. Ils n'ont pas pu faire face à l'obligation personnelle de payer le tout. Ils sont forcément en état de cessation de paiements en même temps que la société, et il est inutile de les poursuivre individuellement. On ne

1. Art. 42 de la loi du 24 juillet 1867.

2. *Droit comm.*, n° 2560 ; *Contrà*, Bédarride, *Faillites*, n° 262 ; Pic, *op. cit.*, page 25.

3. *Sic*, Pardessus, t. III, n° 976.

peut pas concevoir la possibilité d'une faillite sans les autres.

M. Troplong [1] reconnaît la vérité de ce principe, mais il fait des réserves, et pense qu'on doit le modifier dans certaines circonstances. Ainsi, par exemple, un associé est absent au moment de la cessation des paiements, bientôt il arrive et paie à bureau ouvert les dettes sociales qui, par l'effet de la solidarité, sont aussi les siennes ; il pense que dans l'espèce cet associé ne peut pas être failli. Nous sommes de son avis, car dans ce cas la société elle-même ne sera pas en faillite. Si elle paie ses dettes par l'intermédiaire de cet associé, elle est *in bonis*, la poursuite manquerait de base, et sur *l'opposition de l'associé* payeur, le jugement déclaratif devrait, croyons-nous, être rétracté. Cet associé aura un recours contre les autres, pour leur demander ce qu'ils doivent supporter dans le passif social ; ce recours déterminera peut-être la faillite individuelle de certains associés, mais la société déjà liquidée lorsque ce recours est ouvert ne sera jamais elle-même en faillite.

Ces raisons de principe, que la Cour de Douai affirmait déjà dans un arrêt du 3 février 1825, nous paraissent suffisantes pour croire que la faillite sociale entraîne forcément celle des associés solidaires. Mais les textes du Code relatifs à notre matière viennent fortifier cette opinion et la rendre encore plus évidente. Pourquoi l'article 438 (2e al.) ordonnerait-il, sans cela en cas de déclaration de faillite d'une société, l'indication sur l'acte déclaratif du domicile de chaque associé solidaire ? Et l'article 458 (2e al.), l'apposition des scellés non seulement au siège social, mais encore au domicile de chacun des associés ? Enfin pourquoi surtout l'article 531 auto-

1. *Op. cit.*, t. II.

serait-il les créanciers d'une société en faillite à accorder
un concordat en faveur seulement d'un ou de plusieurs
des associés? Il faut nécessairement que la loi ait voulu
la faillite des associés solidaires comme résultat forcé
de la faillite sociale pour que ces articles aient un sens.
La jurisprudence d'ailleurs est aujourd'hui unanime en
faveur de cette opinion. Un arrêt de cassation du 7 janvier 1873 considère notamment le principe comme hors
de discussion [1].

Il découle de là de nombreuses conséquences.

D'abord un seul jugement déclaratif suffit pour constituer en même temps la société et les associés solidaires
en état de faillite. Il n'y aura qu'un seul syndic, un
seul juge-commissaire nommés par le tribunal qui a
déclaré la faillite. M. Renouard, après avoir adopté l'o-
pinion de la faillite collective, pense au contraire que
chaque faillite s'ouvre au domicile de l'associé, et doit
avoir son syndicat, son juge-commissaire et son tribunal. En le décidant ainsi on arriverait à créer en pratique un grand nombre de difficultés inutiles ; défaut
d'harmonie dans la direction ; surcroît de frais tels que :
droits de greffiers, honoraires de syndics, multiplicité
de procès-verbaux, car tous les créanciers devraient
faire vérifier leurs créances dans chaque passif. Avec
une organisation unique on évite tout cela sans beaucoup de danger [2]. En pratique on distinguera seulement

1. Conf. req. 17 avril 1861 (S. 61, 1, 609) ; Cass. 7 janvier 1873
(D. 73, 1, 257) ; req. 13 mai 1879 (D. 80, 1, 29) ; Renouard, t. II, p. 133 ;
Bravard, Demangeat, t. V, 677 ; Boistel, *Précis*, n° 894 ; Namur,
n° 1606; Codes : Italien, art. 847; Espagnol, art. 923 ; Bédarrides,'*op. cit.*
I, n° 35, *Contrà*, Pic, *op. cit.*, p. 21 et lois Belge et Allemande.

2. Les tribunaux de commerce ont l'habitude de déclarer la faillite
de la société et celle des associés par un même jugement, et par suite
leur donnent mêmes syndics et même juge-commissaire.

deux masses de créanciers ; les créanciers sociaux qui prendront part à toutes les opérations de la faillite sociale et à celles de la faillite de chaque associé ; en second lieu les créanciers personnels qui figureront seulement dans la faillite de leur débiteur.

On distinguera, disons-nous, deux masses de créanciers. De ce que le jugement déclaratif de la faillite sociale suffit pour constituer tous les associés en faillite, on ne doit pas, en effet, conclure à la confusion des masses. Les biens sociaux demeureront distincts des biens des associés, et les créanciers personnels dont ils ne constituent pas le gage ne pourront y prétendre avant le désintéressement intégral des créanciers sociaux [1].

Le Code Italien dit expressément (art. 850) que les créanciers personnels ont droit seulement à l'excédent net pouvant rester à distribuer, après le complet paiement des créanciers sociaux. La loi Espagnole dans son article 927 (2e al.) est aussi dans ce sens, mais le premier paragraphe permet aux personnes créancières antérieurement à la constitution de la société de concourir avec les créanciers sociaux.

Les faillites ne seront administrées séparément que dans l'hypothèse où un associé ferait un commerce séparé de celui de la société. Parce qu'alors on est en présence non plus d'une faillite unique, mais de deux faillites, et chacune doit avoir son organisation propre.

Il découle encore de notre doctrine que l'époque de la cessation des paiements est la même pour les associés et la société. Si la société, en effet, cesse ses paiements, c'est parce que les associés ne paient pas pour elle. Peu importe que les associés continuent à acquitter leurs

1. Arrêt de cassation conforme du 7 janvier 1873 (précité).

dettes personnelles. En cessant de payer celles de la société, qui sont aussi les leurs, ils font présumer qu'ils ne peuvent pas les payer toutes intégralement. Cette présomption suffit pour les faire déclarer en faillite. Sans cela, ils pourraient injustement favoriser certains créanciers au préjudice des autres.

Le créancier qui connaît la cessation de paiements de la société, connaît par cela même celle de l'associé, et le paiement par lui reçu doit tomber sous le coup des articles 446 et 447 (C. com.). Enfin les créanciers personnels de chaque associé ne peuvent plus s'adresser à leur débiteur. Il est dessaisi de l'administration de son patrimoine. Ils devront exercer leurs actions contre le syndic.

CHAPITRE V

a. Sociétés dissoutes. — A première vue, il semble qu'une société dissoute ne doit pas pouvoir être déclarée en faillite. C'est pourtant l'opinion contraire qui prévaut avec juste raison, et cela en vertu du principe universellement admis « que la société se survit à elle-même pour les besoins de sa liquidation [1] ». Ce principe n'est nulle part sanctionné par la loi, mais il est devenu de jurisprudence constante, et la doctrine ne le discute même plus.

Cette survie de la personnalité morale à la dissolution de la société étant admise, doit entraîner toutes les conséquences qui en résultent et par conséquent la possibilité de la faillite sociale. Après sa dissolution la société existe *pour sa liquidation* comme avant elle existait pour son commerce. Dans ces limites son existence doit être aussi entière et aussi complète qu'avant sa dissolution. Ne pas reconnaître, en l'état, la possibilité de sa faillite, ce serait créer une personnalité aux formes particulières, essentiellement variable, non prévue par la loi. Nous aurons à dire pourtant que dans l'hypothèse qui nous

1. Pic, *op. cit.*, page 32. Lyon-Caen et Renault, *op. cit.*, t, II, nº 3133, Thaller, *Revue critique* de 1885, p. 298.

occupe, par la force même des choses, et en vertu de la raison même qui fait survivre la personnalité de la société à sa dissolution, la faillite dans ce cas ne pourra pas se terminer par un concordat. La faillite reste possible soit qu'elle intervienne après ou avant la dissolution. Les tiers dans les deux cas ont également droit aux garanties qu'elle engendre. Nous devons cependant observer qu'elle ne pourra pas être déclarée :

1° Lorsque, en matière de société, en nom collectif ou en commandite, la cause de dissolution de la société a été le décès d'un associé solidaire, mort depuis plus d'un an. C'est la conséquence nécessaire de la doctrine que nous venons d'admettre en vertu de laquelle la faillite sociale entraîne la faillite des associés en nom. S'il en était autrement ou violerait la disposition de l'article 437 (3° al.) en vertu de laquelle un an après son décès la faillite d'un individu n'est plus possible.

2° Ou bien lorsque la société elle-même est dissoute depuis plus d'un an (même article).

Il semble à première vue que la faillite ne doit pas pouvoir être déclarée lorsque tout l'actif aura été réparti parce qu'elle n'aurait aucune utilité. Nous croyons pourtant que l'opinion contraire est la vraie. La déclaration, en effet, est susceptible de protéger encore les créanciers en faisant naître en leur faveur les règles protectrices de la faillite, et notamment les actions révocatoires des articles 446 et suiv. du Code de commerce [1].

b. Sociétés nulles. — Une société nulle est censée n'avoir jamais eu d'existence légale, en principe donc elle ne pourra pas être déclarée en faillite. Nous croyons cependant que cette solution n'est pas toujours vraie.

---

1. *Contra*, loi Allemande, art. 193 et 199.

Une distinction, nous semble-t-il, s'impose entre les divers genres de nullité.

S'il s'agit d'une nullité opposable aux tiers, comme celles fondées sur l'incapacité des mineurs ou des femmes mariées, associés pour faire le commerce avec des personnes capables, sans avoir rempli au préalable les formalités d'autorisation exigées par la loi (articles 2 et 4, C. com.), la société commerciale dans ce cas, est nulle à l'égard des incapables. La faillite ne saurait être prononcée vis-à-vis d'eux. Les tiers qui ont traité ont eu tort de ne pas prendre des informations[1]. Nous n'avons pas ici, d'ailleurs, à entrer dans les détails des questions controversées relatives à l'étendue et aux résultats de ces autorisations ; nous sortirions du cadre de notre sujet.

Mais en est-il de même, s'il s'agit d'une de ces nullités, ayant pour base le défaut d'observation des mesures de publicité exigées pour toute société dans l'intérêt des tiers ; ou des nombreuses prescriptions de la loi de 1867, à l'égard des sociétés par actions ? La faillite d'une société nulle de ce chef est-elle possible ? La question est controversée. La jurisprudence elle-même est hésitante. Plusieurs arrêts se refusent à prononcer la faillite des sociétés non publiées, car, dit-on, elles n'ont pas d'individualité propre distincte de la personne des associés ; elles ne constituent pas des personnes morales. Ce sont des sociétés de fait sans existence légale. Or, la faillite est du ressort de l'ordre public, elle procède du droit et non du fait. Une société de cette nature ne peut pas bénéficier d'une situation particulière attachée à un être

---

1. Mais à l'égard des autres associés la société doit être considérée comme valable et ces associés capables auront à subir l'application des règles de la faillite sociale.

juridique distinct de la personne des associés, propriétaire de l'actif social et tenu du passif. La naissance
d'une personnalité légale, est essentiellement soumise
aux conditions de publicité réglées par la loi ; tant que
ces formalités n'auront pas été remplies, la faillite des
associés tenus personnellement des dettes sociales, sera
seule possible[1].

En raisonnant ainsi, on perd de vue, il nous semble,
les dispositions de l'article 56 (*in fine*) de la loi de 1867,
ainsi conçues : « Les formalités ci-dessus prescrites
seront observées à peine de nullité, à l'égard des intéressés, *mais le défaut d'aucune d'elles ne pourra être
opposé aux tiers par les associés.* » Les créanciers sociaux
sont des tiers qui ont tout intérêt à ce que la faillite
sociale soit déclarée, car elle entraîne pour eux un droit
de préférence, et une liquidation entourée de précau-
tions équitables, minutieusement réglementées par le
législateur. On ne doit pas, en permettant aux associés
de se prévaloir d'une faute par eux commise, faire supporter aux tiers les conséquences d'une négligence
dont ils ne sont pas coupables.

Dire « les tiers seuls peuvent opposer la nullité aux
associés, non les associés aux tiers » signifie que la
société existera ou non comme personne morale, avec
toutes ses conséquences légales, suivant que les tiers y
auront ou non intérêt à l'encontre des associés. La publicité est un simple moyen édicté par la loi, pour infor-
mer les tiers, elle ne saurait avoir pour effet de faire

1. Conf. Cass. 24 août 1863, S. 63, 1, 486 ; Paris, 3 mars 1870, S. 70, 2,
137 ; Trib. de comm. de Nantes, 14 juin 1882, J. f. 83, 165 ; Camberlin,
Manuel pratique des trib. de comm., p. 376 ; *la Loi*, n° du 15 mai 1881 ;
Consultation de M. Rousseau à propos de la nullité de la banque
Lyon-Loire (Lyon, imprimerie du *Salut public*) ; Consultation sur le
même sujet de M. Léonel Oudin, id.

naître la personnalité morale de l'être abstrait société.
Publiée ou non, la société existe en fait comme société;
elle s'affirme par des signes qui ne trompent pas, son
enseigne, ses factures, ses bureaux, ses circulaires, son
matériel, son roulement d'affaires, en un mot, par toutes
les manifestations extérieures de la vie commerciale.
En l'état, cette société crée un passif qu'elle ne peut
acquitter, il serait injuste au premier chef de lui permettre, en invoquant l'inobservation de la loi, de frustrer
ses créanciers, et de leur enlever le régime protecteur
de la faillite [1].

Donc nous admettrons que les sociétés nulles pour
défaut de publicité, ou pour inobservation des formalités
prescrites par la loi de 1867 à l'égard des sociétés par
actions, peuvent être déclarées en faillite. On doit les
assimiler à des sociétés dissoutes à partir du jugement
qui prononce la nullité. Mais nous ferons les mêmes réserves que pour les sociétés dissoutes en matière de
concordat.

Cette solution devrait être modifiée pourtant si les
créanciers personnels des associés s'opposaient à la déclaration de faillite demandée par les créanciers sociaux,
et ils y ont intérêt pour faire tomber le droit de préférence que la faillite accorde aux créanciers sociaux.
Nous croyons, en effet, sans entrer dans les détails de
la question, qu'ils sont au nombre des tiers intéressés
visés par l'article 56 de la loi de 1867, et qu'ils peuvent
invoquer vis-à-vis des associés les nullités dont il s'agit.
Nous sommes alors en présence d'un conflit entre les

1. Conf. Paris, 5 février 1872, D. 74, 2, 233; S. 73, 2, 75; Cass.
15 mars 1875, D. 75, 1, 312; Cass. 25 février 1879, S. 81, 1, 461; Boistel, *op. cit.*, n° 894; Thaller, *Revue critique*, 1885, p. 298; Lyon-Caen
et Renault, *op. cit.*, n° 3133; Pic, *op. cit.*, p. 40 et suiv.

créanciers sociaux et les créanciers personnels. Il doit se trancher au profit de ces derniers, car ces tiers ne sauraient être lésés par la faillite, mesure de faveur dont bénéficieraient les créanciers sociaux [1].

Appendice. — Les individus responsables du défaut de publicité et de l'inaccomplissement des prescriptions de la loi de 1867 sont les fondateurs et les administrateurs dans les sociétés anonymes. Encourent-ils personnellement la faillite? nous avons déjà eu occasion de citer incidemment l'opinion de M. Lyon-Caen qui se prononce pour la négative. La Cour de cassation n'est pas de cet avis. Elle a sur l'article 42 du Code de commerce (aboli par la loi de 1867, mais dont la disposition est reproduite par l'article 56 *in fine* de cette loi) une opinion particulière que nous devons signaler.

Lorsque la nullité d'une société anonyme est prononcée, les fondateurs et les administrateurs responsables se trouvent, d'après elle, constitués aux termes de l'article 42 en société en nom collectif, à qui incombe l'obligation de payer tout le passif, et chaque membre est solidairement responsable des dettes. Il en résulte que ces fondateurs et administrateurs sont considérés comme des commerçants tout comme les associés en nom collectif [2].

Cette théorie impitoyable nous paraît exagérée. On peut arriver à admettre la responsabilité solidaire des administrateurs ou fondateurs d'une société anonyme, sans pour cela en faire des commerçants malgré eux. Pour être commerçant, il faut avoir une profession (art. 1er C. com.) et spéculer pour soi. Or, ici la spéculation

1. Voir arrêt de cassation du 3 mars 1870, S. 70, 2, 137 ; D. 70, 2, 103.
2. Cass. req. 19 février 1884, S. 85, 1, 263; J. f. 84, p. 177.

était, aux yeux du public, faite pour le compte d'une société anonyme, aujourd'hui il est vrai nulle, mais la nullité n'a pu détruire ce fait. Par conséquent ces personnes ne pouvant être considérées comme des commerçants, leur faillite ne saurait être possible. Les créanciers auront seulement contre eux une action en dommages-intérêts, limitée au préjudice encouru et subordonnée à la preuve que le vice de fondation a causé la ruine [1].

1. Thaller, *Revue critique* de 1885, p. 292 ; Conf. trib. de comm. de la Seine, jugement du 13 mai 1880 (*la Loi*, 3 juin 1880). Ce jugement rejette une demande en déclaration de faillite formée contre l'administrateur d'une société anonyme, en disant: qu'il a pu être déclaré responsable du passif, mais que son passage à ces fonctions n'a pu lui donner la qualité de commerçant.

CHAPITRE VI

En droit commun la faillite d'un individu peut être
provoquée soit par le failli lui-même, soit à la requête
d'un ou plusieurs de ses créanciers, ou prononcée d'office par le tribunal. Il en est de même en ce qui concerne
les sociétés. L'individu failli est tenu aux termes de
l'article 438 (al. 1er) de faire, au greffe du tribunal de
commerce de son domicile, la déclaration de cessation
de paiements dans les trois jours. En matière de société
en nom collectif et en commandite, les associés solidaires, et les commandités gérants ou non, encourent eux-
mêmes la faillite : ils doivent par rapport à la société
remplir les mêmes obligations qui incombent à l'individu failli. S'ils n'ont pas fait leur déclaration dans
les délais voulus, ils peuvent être déclarés banqueroutiers simples aux termes de l'article 586 (al. 4).

Aucune disposition légale au contraire n'impose cette
obligation aux commanditaires, ni aux actionnaires, ni
même aux administrateurs en matière de société anonyme. La faillite personnelle de ces individus n'est pas
en effet une conséquence forcée de la faillite sociale, et
l'omission de cette déclaration n'aurait pour eux aucune

sanction. N'étant pas eux-mêmes en faillite on ne pourrait pas les poursuivre pour banqueroute simple.

La faillite des sociétés anonymes ne pourra par conséquent être déclarée qu'à la requête des créanciers ou d'office par le tribunal. C'est là une lacune dans la loi, il aurait fallu obliger à cette déclaration et au dépôt du bilan, les administrateurs de ces sociétés en édictant contre eux des peines spéciales.

Le nouveau projet de loi sur les sociétés comble cette lacune. Il dit en effet dans son article 102 : « Sont passibles des peines édictées en l'article 402 du Code pénal, les administrateurs ou directeurs d'une société anonyme qui, en cette qualité, se sont rendus coupables des faits prévus aux articles 585 al. 2, 3 et 4 ; 586 al. 3, « 4, 5, 6 et 592 du Code de commerce. »

Il résulte de là que les administrateurs qui n'auront pas, aux termes du 4° de l'article 586, fait au greffe dans les trois jours de la cessation des paiements les déclarations exigées par les articles 438 et 439 du Code de commerce, pourront être passibles des peines de la banqueroute simple. Seront-ils pour cela considérés comme des commerçants ? Nous ne le croyons pas. La loi ne peut pas avoir voulu modifier d'une façon aussi incidente que celle-là la définition essentielle des commerçants, contenue dans l'article 1er du Code de commerce ; elle n'a certainement pas voulu en créer une catégorie nouvelle. Elle s'est contentée d'assimiler ces personnes à des commerçants pour une pénalité déterminée, attachée à certains faits limitativement prévus [1].

---

1. Conf. rapport de M. Arnault relatif au nouveau projet de loi sur les sociétés, p. 150 ; l'art. 593 C. comm. indique d'ailleurs des personnes qui seront frappées des peines de la banqueroute frauduleuse bien qu'elles ne soient pas commerçantes.

La déclaration de faillite d'une société dissoute incombera au liquidateur ; mais comme la loi n'édicte pas de sanction, ce n'est pas pour lui une obligation, il sera donc appréciateur souverain de l'opportunité de la déclaration.

Les créanciers pourront en second lieu requérir la déclaration de faillite de la société, en mettant en cause les représentants de cette société, c'est-à-dire les associés solidaires dans les sociétés en nom collectif et en commandite, les administrateurs des sociétés anonymes ou les liquidateurs des sociétés dissoutes.

Une question se pose ici : doit-on considérer comme des créanciers les actionnaires d'une société et leur permettre en cette qualité de requérir la déclaration de faillite ?

Il va de soi que s'ils ont une créance particulière, étrangère à leur qualité d'associé, ils peuvent de ce chef comme tout autre créancier provoquer la déclaration de faillite. Mais s'ils sont seulement actionnaires ou commanditaires, une jurisprudence constante leur dénie le droit de provoquer cette déclaration [1].

La solution est conforme au texte de l'article 440 qui dit : « la faillite est déclarée par jugement rendu soit sur la déclaration du failli, soit à la requête d'un ou de plusieurs créanciers soit d'office »; or, l'actionnaire n'est ni failli ni créancier, ou si l'on admet qu'il est créancier, c'est un créancier d'une nature particulière. Les créanciers sociaux ont un droit sur les capitaux qu'il a exposés

---

1. Voir Paris, 22 janvier 1875, S. 77, 2, 37. Cet arrêt a décidé la question pour les bailleurs de fonds intéressés dans la charge d'un agent de change, ils ne peuvent pas provoquer la faillite de cet agent de change, or ils sont comme des commanditaires, Rouen, 26 mai 1884, *la Loi*, nº du 20 octobre 1884, S. 85, 2, 143.

jusqu'à concurrence d'une certaine somme, il ne peut avoir que le reliquat.

Cette solution peut être légale, mais n'est pas équitable. L'actionnaire a un grand intérêt à ce que la faillite soit déclarée, il pourrait ainsi mettre fin aux spéculations désastreuses de la société, et sauver quelques épaves du patrimoine qui croule. Les arrêts disent bien qu'il a, en dehors de la faillite, un moyen de se protéger, c'est de provoquer la dissolution et la liquidation de la société, mais ce moyen est insuffisant, car la cessation des paiements n'est pas une cause de dissolution ; il sera obligé d'attendre la perte des trois quarts du capital social (art. 37 loi de 1867). On le condamme ainsi à l'impuissance devant le spectacle de la ruine sociale sans cesse croissante. C'est là en somme sa propre ruine qu'il voit s'accomplir, et il ne pourra l'éviter que lorsqu'il n'en sera plus temps. D'ailleurs, la liquidation de la société ne lui donnera jamais les avantages de la faillite.

Il a droit à un reliquat après que les créanciers sociaux auront été désintéressés, on peut dire qu'il est, de ce chef, créancier de deuxième rang. De plus, il est associé jusqu'à concurrence de la somme promise. A ces deux points de vue, on devrait doublement lui permettre de faire déclarer la faillite, comme négociant et comme créancier [1].

En tout cas, les obligataires doivent être nettement distingués des actionnaires, ils sont eux, sans aucun doute, de simples créanciers sociaux, et auront qualité pour provoquer la mise en faillite de la société. On pré-

1. Voir Thaller, *Revue critique* de 1885, p. 293 ; Lyon-Caen et Renault, *op. cit*, t. II, p. 919 ; Pic, *op. cit.*, p. 65 ; Lyon-Caen, note sur l'arrêt de cassation 5 mars 1879, S. 79, 1, 201.

tendrait vainement qu'ils ne sont que des actionnaires privilégiés[1].

· Enfin, le tribunal, s'il connaît de source certaine le mauvais état des affaires sociales, devra déclarer d'office la faillite.

1. Conf. Cass. 14 juillet 1862, S. 62, 1, 938.

II° PARTIE

Agents de la Faillite.

Dans les faillites ordinaires soumises aux règles du droit commun, les agents de la faillite sont : les syndics, les créanciers, le failli, le juge-commissaire, le tribunal de commerce et le ministère public.

Nous n'avons ici à signaler des particularités que relativement aux trois premiers agents, nous contentant d'un simple renvoi au droit commun des faillites pour tout ce qui est relatif aux autres.

CHAPITRE PREMIER

DES SYNDICS

Les syndics on le sait représentent à la fois, et suivant les besoins de la liquidation, soit la masse des créanciers dont ils sont les mandataires légaux, soit la société faillie, dessaisie dans l'intérêt de la masse, et par l'effet du jugement déclaratif de l'administration de son patrimoine. Il est inutile d'énumérer ici tous les actes de procédure qui incombent au syndic pour arriver à composer la masse active, et à la liquider conformément aux intérêts de chacun. Un simple renvoi aux règles de droit commun suffit. Nous n'insisterons pas non plus sur leur mode de nomination. Actuellement, on le sait, ils sont nommés par le tribunal, qui choisit, presque toujours, des syndics de profession éprouvés par lui, et habitués à la pratique des liquidations. Ils ont l'expérience de ce genre de travail, expérience particulièrement nécessaire lorsqu'il s'agit de mener à bonne fin la liquidation hérissée de difficultés d'une société en faillite. Si on permettait aux créanciers de choisir eux-mêmes leurs syndics, on aurait moins de garanties qu'avec le système en vigueur.

Spécialement en notre matière nous aurons à étudier des questions fort délicates, remplies de distinctions sub-

tiles, susceptibles de modifier les pouvoirs du syndic en
les augmentant ou en les diminuant suivant les hypothèses, et les solutions adoptées. Nous les indiquerons
dans ce chapitre et nous les développerons chacune en
temps opportun.

a. Le jugement déclaratif de faillite produit, on le sait,
au nombre de ses effets la suspension des poursuites
individuelles. Cette règle qui se déduit du dessaisissement du failli et de la concentration des pouvoirs d'administration entre les mains du syndic, a pour base l'égalité entre tous les créanciers. Le syndic seul pourra agir
dans l'intérêt de la masse, mais nous aurons à délimiter
son pouvoir surtout en matière de sociétés par actions, en
établissant quels sont d'un côté les droits et les actions
qui continuent malgré la faillite à appartenir individuellement aux créanciers et aux actionnaires ; quels sont, de
l'autre, ceux dont le syndic doit avoir l'exercice exclusif.
Cette question se rattache plus particulièrement aux
effets du jugement déclaratif, nous essayerons de l'approfondir dans notre troisième partie.

b. Le syndic a-t-il le droit de demander individuellement à chaque associé, et sans justification préalable,
tout ce que cet associé reste devoir sur sa mise sociale ;
sans tenir compte de ce que doivent les autres, et sans
être obligé de demander à tous une égale somme ? c'est
une question qui se rattache à l'exigibilité des actions et
dont nous nous occuperons aussi aux effets de la faillite.
D'ores et déjà nous devons dire qu'en cette matière, il
existe une divergence d'opinion très marquée entre les
tribunaux de commerce et la Cour de cassation d'un
côté, la Cour de Paris de l'autre.

c. Nous avons dit que la dissolution d'une société ne
fait pas obstacle à sa mise en faillite. Dans cette hypo-

thèse la coexistence d'un syndic et d'un liquidateur est-
elle possible, ou le deuxième doit-il disparaître en présence du premier ? c'est une troisième question que nous
allons examiner dans cette partie de notre travail, en
nous occupant tout à l'heure des représentants légaux
de la société en faillite.

CHAPITRE II

Nous devons ici faire une observation particulière qui s'applique aux sociétés en nom collectif et à celles en commandite. En adoptant le système d'après lequel la faillite sociale entraînait *ipso facto* la faillite des associés personnellement tenus, nous avons dit que cette solution n'emportait pas comme conséquence la confusion des masses créancières. Nous serons donc en présence de deux masses ; la masse sociale et la masse particulière de chaque associé failli ; l'actif et le passif de chacune ne se confondra pas, et nous aurons deux assemblées de créanciers distinctes. L'assemblée des créanciers sociaux, se composera des créanciers sociaux à l'exclusion des créanciers personnels des associés. Pour chaque associé failli au contraire l'assemblée comprendra les créanciers personnels des associés, et de plus les créanciers sociaux ; car le patrimoine de chaque associé constitue le gage non seulement de ses créanciers personnels, mais encore des créanciers sociaux. Cela parce que chaque associé est tenu *in infinitum* des dettes sociales.

Cette distinction est importante à plusieurs points de vue. Lorsqu'il s'agira par exemple d'assister à la vérifi-

cation des créances, un créancier social *vérifié* ou porté
au bilan pourra assister (art. 494 C. com.) à la vérifica-
tion de la créance d'un créancier personnel et fournir des
contredits. Un créancier personnel pourra bien contester
la créance d'un créancier social. Il y a intérêt puisqu'en
l'écartant il diminuera le nombre des créanciers qui viendront se faire payer sur le patrimoine de son débiteur,
mais il ne pourra pas contester le créancier personnel
d'un autre associé. En vertu de cette non-confusion,
un concordat, la loi nous le dit elle-même (art. 531,
C. com.), pourra être accordé à un ou plusieurs associés
et refusé à la société ou réciproquement.

Enfin, suivant qu'il s'agira de continuer le commerce
d'un associé ou celui de la société, la double majorité
exigée par l'article 532 (C. com.) se calculera en tenant
compte des créances sociales et personnelles ou seulement des premières[1].

Le nouveau projet de loi sur les sociétés[2] organise,
dans son article 79, en matière de société anonyme, des
assemblées d'obligataires avec leurs commissaires pro-
pres, dont le rôle est déterminé par les articles 80 et 83
du projet, à côté des assemblées d'actionnaires. Sans
entrer dans les détails de cette organisation nouvelle,
que nous n'avons pas à discuter ici, nous croyons, avec
M. Pic (*op. cit.*), qu'elle aura de bons résultats en matière de faillite sociale. Les administrateurs des sociétés
seront surveillés à la fois par les commissaires des obligataires et ceux des actionnaires ; on pourra peut-être
éviter ainsi beaucoup de faillites dues à la mauvaise
gestion ou à la fraude. Si la faillite est déclarée, on se

---

1. Voir Lyon-Caen et Renault, t. II, n° 3125 ; Pic, *op. cit.*, p. 138 ;
Code Italien, art. 835.

2. Voir rapport de M. Arnault, précité : à l'article.

trouvera en présence de créanciers déjà renseignés sur les opérations de la société par les rapports de leurs commissaires, connaissant presque son actif et son passif, et rendant enfin des décisions raisonnées, non plus sur le rapport d'un syndic étranger aux affaires sociales.

Ces commissaires, versés dans les affaires sociales, seraient naturellement désignés pour faire partie d'un comité de créanciers, rouage nouveau, applicable à toutes sortes de faillites, introduit par le projet sur les faillites pour contrôler plus directement les actes du syndic. Nous sortirions de notre sujet si nous insistions sur ces organisations nouvelles, qui ne s'y rapportent pas directement. Nous nous contentons donc de les signaler [1].

1. Voir, pour plus de détails, rapport de M. Arnault, p. 120 et suiv. Rapport de M. le président Larombière, sur la loi nouvelle des faillites, *J. f.* 1885; Pic, *op. cit.*, p. 141 et suiv.

CHAPITRE III

REPRÉSENTANTS DE LA SOCIÉTÉ EN FAILLITE

Nous avons dit que le syndic représentait à la fois, suivant les cas, le failli et la masse. Mais dans les faillites ordinaires, malgré les pouvoirs accordés au syndic, la personne du failli ne disparaît pas complètement de la scène juridique. De par la loi, après la faillite, le failli, quoique dessaisi de l'administration de son patrimoine, conserve dans la procédure de la faillite un rôle, effacé il est vrai, mais qui n'en est pas moins réel et susceptible de se manifester par des actes énumérés dans une série d'articles[1]. Il doit, par exemple, être présent à tous les actes de la procédure, fournir des renseignements au syndic au sujet de ses affaires. S'il ne peut pas s'opposer au vote de l'assemblée qui a décidé la continuation de son commerce, vote qui est exécutoire par provision, il peut s'opposer à son exécution. Tous ces droits, toutes ces obligations se rapportent au droit commun des faillites. Il est superflu d'entrer dans des détails et de les tous rappeler ici.

Ce rôle, dévolu au failli dans les faillites ordinaires, doit avoir son équivalent dans les faillites sociales. Sans

1. Voir articles 450, 466, 467, 475, 477, 479, 486, 487, 488, 494, 532, 537 du Code de commerce.

cela, il faudrait admettre que l'être moral, par l'effet de
la faillite, disparaît tout à coup et est définitivement
anéanti. Or, nous avons établi que la faillite sociale
n'entraînait pas la dissolution de la société. Admettrait-
on même que la dissolution est le résultat forcé du jugement déclaratif de faillite ; la société se survivrait à
elle-même pour les besoins de la liquidation, l'être moral
ne serait pas immédiatement anéanti ; il faudrait donc
forcément lui donner un représentant.

Pour établir quels seront ces représentants, nous devons distinguer suivant que la société en faillite sera ou
non dissoute.

a. La société en faillite n'est pas dissoute. — Lorsque
la société n'est pas dissoute, les personnes destinées à
tenir le rôle du failli, et à représenter la société, seront :
en matière de société en nom collectif et en commandite le gérant, et si tous les associés en nom gèrent, ils
pourront, en vertu de l'article 1859 (al. 2) du Code civil,
se représenter mutuellement ; en matière de société
anonyme, les administrateurs en fonction au moment
de la déclaration de faillite, qui continueront à représenter la société, dans les limites de ses nouveaux droits et
de ses nouvelles obligations. Pour les sociétés anonymes, nous avons établi, en effet, que la faillite n'était
pas une cause de révocation du mandat de ces administrateurs. Leur mandat ne saurait prendre fin que par un
vote de révocation émané de l'assemblée des actionnaires, ou par une dissolution judiciaire de la société.
Toutes ces personnes habituées à la gestion des affaires
sociales, connaissant à fond toutes les opérations de la
société, qu'ils ont eux-mêmes dirigées, seront bien plus
capables que n'importe qui de soutenir suivant les cas,
les intérêts sociaux à l'encontre du syndic et de la masse

qu'il représente, ou de fournir à ce syndic étranger, des renseignements utiles, destinés à faciliter pour lui la liquidation entreprise.

b. La société en faillite est dissoute. *Concours d'un syndic et d'un liquidateur.*

Mais il peut arriver que la société, quelle que soit sa forme, est dissoute pour une des causes énumérées dans le Code de commerce ou dans la loi de 1867, et que, au cours de la liquidation, on constate une cessation de paiements antérieure à la dissolution; on pourra, d'après nous, déclarer la faillite de cette société dissoute [1], nous l'avons établi. Ou bien encore on se trouve en présence d'une société en faillite, anonyme par exemple, qui a perdu les trois quarts de son capital, et les actionnaires de cette société obtiennent un jugement de dissolution.

Nous avons à nous demander si, dans la première hypothèse, le liquidateur en présence d'un jugement de faillite, doit disparaître pour céder sa place au syndic,

1. Dans cette hypothèse une question qui se présente est la suivante : le liquidateur qui aura fait des frais de liquidation, aura-t-il de ce chef une créance privilégiée, ou viendra-t-il seulement comme chirographaire ? La jurisprudence (trib. de comm. de la Seine, 27 décembre 1884, *J. des trib. de comm.*, p. 152) ; Paris, 12 décembre 1884, *eod.* p. 307), admet un privilège pour frais faits pour la conservation de la chose (2102, 3°, C. civ.) Il vaudrait peut-être mieux admettre un privilège pour frais de justice, privilège qui est attaché aux frais faits pour la conservation, le recouvrement, la liquidation du gage et la distribution des deniers (Aubry et Rau, t. III, § 260, p. 128), c'est bien le cas de l'appliquer ici. Si le liquidateur n'avait pas fait ces frais, c'est le syndic qui aurait dû les faire, et la faillite aurait été diminuée d'autant. Il est juste que le liquidateur rentre dans les fonds qu'il a utilement dépensés pour la masse. Ce privilège ne doit garantir que les frais de liquidation. Les gérants y auront droit seulement dans l'hypothèse où ils seront chargés de cette liquidation (Conf. Pic, *op. cit.*, p. 195).

ou continuer à ses côtés l'exercice de ses fonctions ; et dans la seconde hypothèse, si le syndic doit remplir en même temps les fonctions de liquidateur, ou bien si le jugement de dissolution doit entraîner la nomination d'un liquidateur.

La Cour de cassation, appliquant en cette matière une théorie plus générale, qui tend à concentrer entre les mains du syndic tous les pouvoirs, et à considérer ce ce syndic comme le représentant exclusif à la fois des créanciers et du failli, n'admet pas le concours possible d'un syndic et d'un liquidateur. Son opinion est formellement indiquée dans le rapport de sa commission, relatif au nouveau projet de loi sur les faillites[1]. Elle propose un article additionnel ainsi conçu : « Au cas où une société est déclarée en faillite, il ne sera nommé aucun liquidateur concurremment avec le syndic. Si un liquidateur a été nommé antérieurement, ses fonctions cesseront de plein droit, et il rendra compte de son administration au syndic. »

Nous n'adopterons pas cette opinion de la Cour de cassation qui ne nous paraît pas conforme à l'esprit du législateur en notre matière. Le Code de commerce, on le sait, est presque complètement muet au sujet de la faillite des sociétés commerciales. Pour résoudre les questions relatives à cette matière, le législateur par son silence même, a voulu que l'on s'inspire autant que possible des règles du droit commun. Or, nous savons d'une part qu'une société dissoute n'est pas anéantie ; elle se survit à elle-même pour les besoins de sa liquidation ; et d'autre part, nous voyons que les syndics ne

---

1. Voir le rapport précité de M. Larombière, *J. f.*, 1885, p. 381 et suiv. Comparez avec rapport de la Cour d'appel de Montpellier sur la nouvelle loi des faillites.

représentent le failli que dans l'intérêt de la masse. Le failli a un rôle surtout de contrôle à l'encontre du syndic. Ce contrôle dirigé contre le syndic, ne peut pas être exercé par le syndic lui-même. Il faut donc forcément que ce contrôleur nécessaire, si on veut se conformer à l'esprit de la loi, soit ici le liquidateur représentant légal d'une société dissoute. Le liquidateur aura donc en présence du syndic, tous les droits qui incombent au failli en matière de faillite individuelle. Il surveillera dans l'intérêt des actionnaires tous les détails de la liquidation, et fera peut-être ressortir par sa vigilance un boni en leur faveur, après l'intégral désintéressement des créanciers de la faillite.

Le liquidateur n'aura pourtant pas tous les droits d'un failli. Nous n'admettons en effet la nécessité d'un liquidateur que pour les sociétés en faillite dissoutes [1], or la dissolution de la société s'oppose nettement à ce qu'il puisse négocier un concordat; nous faisons sur ce point nos réserves.

La Cour de cassation indique que la société pourrait être représentée par les actionnaires, mais ceux-ci n'ont pas qualité pour agir au nom de la société, ils ne sont pas ses mandataires.

L'opinion que nous venons d'adopter est celle de beaucoup de jurisconsultes [2]. Le Code Italien est dans ce

1. En pratique et surtout dans les grands centres commerciaux, l'usage est de nommer toujours un liquidateur à coté d'un syndic. A Paris et à Lyon deux règlements organisent les fonctions de ces liquidateurs. Un règlement du 19 octobre 1885 pour Paris ; un autre de 1865 pour Lyon (Voir rapport de la Cour d'appel de Montpellier, précité).

2. Voir Lyon-Caen et Renault, *op. cit.*, t. II, n° 3114. Ces auteurs adoptent même une doctrine plus absolue que la nôtre. Pour eux dès que la faillite d'une société est déclarée, on doit toujours nommer un

sens. La Cour de cassation elle-même n'a pas toujours professé la même doctrine[1], et même dans un arrêt relativement récent, elle a décidé que les liquidateurs d'une société commerciale plus tard déclarée en faillite n'en continuent pas moins à la représenter dans l'exercice des droits et facultés qui appartiennent à tout failli. Ils peuvent dès lors intervenir d'après l'article 443 du Code de commerce dans les instances concernant la faillite[2].

liquidateur, car la faillite, pour eux, entraîne *ipso facto* la révocation du mandat des administrateurs. Pic, *Annales de droit commercial*, janvier 1887, p. 129 ; Thaller, *Faillites en droit comparé*, t. II, p. 314 (note) ; Code Italien, art. 837.

1. Cass. Arrêt du 9 mai 1854, *J. des trib. de comm.* 1854, 3, 94.
2. Cass. 21 janvier 1874, S. 74, 1, 312.

IIIᵉ PARTIE

Effets du jugement déclaratif

En droit commun nous savons que le jugement dé
claratif de faillite produit de remarquables effets, soit
vis-à-vis du failli lui-même soit vis-à-vis des tiers.

a. — Le failli encourt surtout des déchéances politiques. Son emprisonnement peut être aussi ordonné par
les tribunaux, car on admet généralement que cette prise
de corps facultative subsiste malgré la loi abolitive de
la contrainte par corps. Ces premiers effets impliquent
l'existence d'une personne physique, la société en faillite
qui est une entité juridique, ne saurait les subir, pas
plus que les gérants et les administrateurs des sociétés
anonymes, dans l'opinion par nous adoptée. Ces effets
personnels frapperont au contraire les associés solidaires
des sociétés en nom collectif et en commandite. Nous
avons admis en effet que leur faillite personnelle était
la conséquence forcée de la faillite sociale.

La faillite dessaisit en second lieu le failli de l'administration de tous ses biens. D'aucuns en notre matière
ont tiré de cet effet une conséquence exagérée en admettant que la faillite sociale entraîne forcément la dissolution, c'est-à-dire l'anéantissement de la société; nous

avons déjà réfuté cette opinion, il est inutile d'y revenir ici.

Pour tout ce qui se rapporte à l'annulation des actes faits pendant la période suspecte (art. 446, 449) nous n'avons rien de particulier à signaler ; on appliquera les règles du droit commun.

b. — Vis-à-vis des tiers, la faillite produit des effets importants, qui donnent naissance, en matière de faillite sociale, à toute une série de questions souvent hérissées de difficultés. Nous allons maintenant les examiner successivement.

CHAPITRE PREMIER

SUSPENSION DES POURSUITES INDIVIDUELLES

A partir du jugement déclaratif, dans l'intérêt de la masse, le syndic a seul le droit d'exercer certaines poursuites, qui jadis appartenaient individuellement à chaque créancier. C'est ici que nous allons rencontrer, en matière de sociétés par actions toute la série des poursuites en responsabilité que les créanciers et les actionnaires ont le droit d'intenter contre les gérants, les administrateurs, les fondateurs, les membres du conseil de surveillance et les commissaires.

La responsabilité des représentants de la société peut être encourue vis-à-vis des créanciers sociaux ou des actionnaires dans plusieurs hypothèses principales distinctes.

Sans faire ici la théorie des actions en responsabilité, nous allons brièvement rappeler les cas dans lesquels ces actions peuvent prendre naissance.

1° Le cas le plus normal sera celui où des fautes de gestion funestes à la société auront été commises par ses représentants, au cours de l'exercice de leurs fonctions. Ces fautes ont rejailli contre les actionnaires et les créanciers sociaux en général, qui ont vu ainsi, à leur détriment, diminuer l'actif, augmenter le passif.

(article 44 de la loi de 1867). L'infraction la plus grave
est sans contredit la distribution de dividendes fictifs
faite par les administrateurs. Elle donne lieu à leur
responsabilité personnelle pour une simple négligence,
et, si on prouve leur fraude, on se trouve en présence
d'un délit, et ils sont passibles des peines de l'escroquerie (art. 45 et 15 3°, loi de 1867). Les commissaires et
les membres du conseil de surveillance sont aussi responsables, dans les mêmes cas, des faits soumis à leur
contrôle qu'ils auraient pu empêcher. Aux termes de
l'article 9 (2° al. et art. 43 même loi), ils ont commis dans
ces cas des fautes personnelles dans l'exécution de leur
mandat. Ils encourent une responsabilité conformément
aux règles du droit commun (art. 1992, C. civ.).

2° Il peut s'être commis aussi certaines fautes qui ont
lésé seulement une catégorie de créanciers : ceux vis-à-
vis desquels on a employé des manœuvres frauduleuses.
On s'est servi par exemple de prospectus mensongers
destinés à voiler sous une apparence de prospérité le
mauvais état des affaires sociales. On a agi ainsi dans
le but de les déterminer à traiter avec la société ou à
lui prêter de l'argent sous forme d'obligations. Les représentants de la société ont porté préjudice à ces tiers,
ils leur doivent une réparation.

3° Enfin, aux termes de l'article 42 de la loi de 1867,
ces mêmes personnes et aussi les associés qui, après
avoir fait des apports en nature ou stipulé des avantages spéciaux, ont violé les règles de l'article 4 de cette
même loi, peuvent être poursuivis en responsabilité à la
suite de la nullité de la société prononcée pour violation
de ses règles constitutives [1] (art. 1, 2, 3, 4, etc. de la loi

---

1. On a contesté que la responsabilité fut encourue dans ce cas par
les administrateurs des sociétés anonymes. On ne peut pas les pour-

de 1867) ou à la suite de la nullité des actes de délibération.

Dans tous ces cas, les représentants de la société
sont responsables vis-à-vis des actionnaires et des
créanciers. Les actionnaires peuvent agir en vertu des
règles du mandat (art. 1992, C. civ.). Les tiers créanciers peuvent intenter leurs poursuites en vertu des
articles 1382 et 1383 du Code civil.

Ils peuvent aussi mettre en exercice l'action Paulienne, pour les actes faits en fraude de leurs droits. La
loi impose, en effet, des obligations à toutes les personnes chargées des affaires sociales. Quand elles ne les
remplissent pas, elles portent préjudice aux créanciers.

Lorsqu'une société est déclarée en faillite, à qui va
appartenir l'exercice de ces actions? Nous distingue-
rons celles des créanciers et celles des actionnaires, et
nous aurons à établir quelles sont celles dont le syndic, à la suite de la faillite, doit seul avoir l'exercice, et
celles, au contraire, qui échappent à l'effet de la suspension des poursuites individuelles.

La distinction fondamentale de la Cour de cassation en
cette matière, applicable d'ailleurs aux actionnaires
comme aux créanciers, est la suivante. Lorsque le
dommage atteint tous les créanciers, c'est le syndic qui
doit en demander la réparation. Car isolés avant la fail-

suivre, a-t-on dit, car ils n'ont aucune obligation à remplir avant que
la société soit constituée et c'est l'assemblée générale qui doit vérifier
si toutes les conditions ont été remplies. Mais nous pensons qu'il est
plus rationnel et plus conforme aux termes de l'article 42, qui les dit
responsables sans distinguer, de soumettre les administrateurs à la
responsabilité. D'ailleurs, au moment de leur nomination ils doivent
examiner si la société peut fonctionner régulièrement. En négligeant
de le faire, ils ont commis une faute. Conf. Cass. 13 mars 1876, S. 76,
1, 361 ; Paris, 3 janvier 1882, S. 83, 2, 233.

lite, les créanciers sont groupés par elle autour du syndic qui les représente. Si, au contraire, le préjudice n'a
frappé que certains créanciers, les lésés conservent seuls
le droit d'agir [1].

a. — *Actions des créanciers.*

1° Il est d'abord incontestable et reconnu par tous que
l'action basée sur les manœuvres pratiquées par les administrateurs à l'encontre de certains créanciers, pour les déterminer à traiter à crédit avec la société, ces manœuvres
ayant porté préjudice, non pas à la masse entière, mais
seulement à un ou plusieurs créanciers, continuera, après
la faillite, à pouvoir être intentée par les parties lésées.
La faillite, en effet, ne doit pas s'opposer à ce que la partie
lésée, prenant pour base les articles 1382 et 1383 du
Code civil, puisse établir son préjudice propre et direct.

2° L'action qui appartient aux créanciers pour fautes
de gestion lorsque la société est *in bonis*, a pour objet
l'intérêt général de tous les créanciers; elle ne pourra
plus être intentée que par le syndic; c'est là du moins
l'opinion dominante de la Cour de cassation. Les créanciers doivent subir la représentation du syndic imposée
par la loi, sous le contrôle du juge-commissaire [2] (Cass.
21 décembre 75; 16 janvier 78, précités).

M. Labbé n'est pas de cet avis. Il proteste contre le
caractère trop oppressif qu'on attribue ainsi aux pouvoirs du syndic, et pense que si le syndic a qualité pour

1. Voir Cass. 21 décembre 1875, S. 79, 1, 97; id. 16 janvier 1878,
S. 78, 1, 441; Cass. 23 février 1885, S. 85, 1, 337; 3 juin 1885, S. 85,
1. 259; Cass. 18 mai 1885, S. 85, 1. 473; 3 décembre 1883, S. 8 i, 1,
97; Orléans, 20 mars 1884, S. 85, 2, 145; Paris, 6 mai 1885, D. 86, 2, 25.
2. L'action de l'article 1167 est remplacée à partir de la faillite par
l'action révocatoire des articles 446, 447. Elle n'est plus recevable que
pour les actes antérieurs à la période suspecte et sera toujours intentée par le syndic.

agir dans l'intérêt commun des créanciers, il n'en résulte pas qu'il ait une compétence exclusive pour les actions relatives à l'intérêt de la masse. En conséquence, si le syndic refuse d'agir, un créancier doit pouvoir exercer, dans l'intérêt général, une action qu'il pourrait intenter, la société étant *integri status*. La faillite n'a jamais rien à y perdre et peut y gagner, car si les créanciers succombent, ils paieront les frais ; s'ils réussissent, la faillite bénéficiera du gain. Mais ce système, qui ne peut pas s'appuyer sur un texte de loi explicite, se heurte à des inconvénients pratiques dont M. Labbé ne se débarrasse pas, semble-t-il, complètement[1]. Le syndic peut ne pas avoir renoncé complètement à intenter l'action, il attend, en homme prudent, d'avoir réuni des preuves plus convaincantes contre les administrateurs pour arriver à réussir plus sûrement dans son procès.

Pendant ce temps-là un créancier, moins patient que les autres, prend à la légère l'initiative des poursuites, et succombe. Le syndic devra être mis en cause, et la chose jugée produira son effet à son égard, et par conséquent à l'égard de la masse. Il est injuste d'admettre que la volonté d'un seul puisse ainsi compromettre le sort de tous. On voit par là que le maintien des poursuites individuelles, peut ne pas être toujours conforme à l'intérêt des créanciers. De plus permettre à un créancier de se substituer au syndic dans des poursuites ayant pour but l'intérêt collectif de la masse, serait aller contre le but du législateur, qui a voulu en centralisant les actions entre les mains du syndic assurer une unité de direction, et donner ainsi la faculté, en évitant tout conflit et des lenteurs, d'arriver vite à la liquidation équitable du

1. Voir pour plus de détails la note de M. Labbé sur l'arrêt d'Orléans du 20 mars 1884 (S. 85, 2, 145, *J. P.*, 85, p. 812).

patrimoine du failli. Donc si dans l'espèce le syndic refuse d'agir, ce qui sera fort rare car il n'aurait dans ce refus aucun intérêt personnel, les créanciers pourront seulement s'adresser au juge-commissaire pour obtenir sa destitution[1].

3° En vertu de ces mêmes principes, nous déciderons aussi avec la jurisprudence (Cass. 25 février 79) que l'action ayant pour but de faire déclarer responsables les fondateurs et les administrateurs de la société pour violation des prescriptions de la loi de 1867, et de les faire condamner conformément à l'article 42 de cette loi, ne peut-elle aussi être intentée que par le syndic.

b. — Poursuites dans l'intérêt des actionnaires.

1° Il est d'abord certain que l'action exercée par un actionnaire soutenant que les manœuvres frauduleuses des administrateurs à son égard l'ont déterminé à devenir associé, à acheter des actions ou à augmenter sa part dans l'actif, est personnelle et le reste malgré la faillite.

Dans ce cas en effet l'actionnaire n'intente pas une action de mandat, il agit bien évidemment dans son propre intérêt en se basant sur l'article 1382 (C. civ.) Qu'il agisse tout seul, ou comme l'organe d'un groupe d'actionnaires organisé conformément à l'article 17 de la loi de 1867[2], il intente une action contractuelle *(pro*

1. Conf. Thaller, *Revue critique*, 1883, p. 285 ; Orléans 20 mars 1884, précité ; Pau 26 décembre 1872, sous Cass. 21 décembre 1875, S. 79, 1, 97 ; D. 77, 1, 19.

2. On sait en effet que cet article permet aux actionnaires représentant au moins le vingtième du capital social, de se syndiquer dans un intérêt commun, et de charger un mandataire de soutenir une action contre les gérants et les administrateurs : Aussi bien dans les sociétés en commandite par actions que dans les sociétés anonymes. L'art. 39, t. II de la loi sur les sociétés anonymes, étend à ces so-

socio); son intérêt distinct de celui des autres actionnaires, quelquefois contraire, ne peut avoir pour organe le syndic représentant à la fois de la masse et de la société. Nous devons remarquer que, conformément au droit commun de l'article 1382, il devra établir qu'il existe un rapport direct entre sa souscription et l'existence de manœuvres frauduleuses. S'il connaissait l'aléa de l'entreprise sa demande ne doit pas aboutir [1].

2° L'action en responsabilité contre les administrateurs pour fautes de gestion ayant causé un dommage à la société, a ici pour base non plus un intérêt particulier, mais bien celui de tous les actionnaires. Le préjudice ici a été causé à la société, et le montant de la condamnation obtenue est destiné à augmenter le montant de l'actif social. Le droit d'exercer une action de ce genre doit être laissé à la personne lésée, c'est-à-dire à la société. Au surplus, le mandat de gérer a été donné au nom de la société ; il est rationnel d'admettre que l'action qui en naît lui appartient. Le représentant légal d'une société en faillite est le syndic, c'est donc à lui que doit appartenir, dans l'espèce que nous examinons, l'initiative des poursuites [2]. Si l'assemblée générale avait donné son *quitus* aux administrateurs, ou transigé avec eux, l'action serait éteinte *erga omnes*.

Mais si le syndic n'agit pas, un actionnaire ne peut-il pas au moins intenter, malgré la faillite l'action de mandat dans la mesure de son intérêt? ne peut-il pas dire

ciétés le bénéfice que l'art. 17 avait accordé aux commandites par actions.

1. Voir des applications intéressantes de la Cour de Lyon (rapportées par M. Pic, *op. cit.*, p. 93) à propos de la banque Lyon-Loire.

2. Conf. Thaller, *Revue critique* 1885, p. 286 (arrêt d'Orléans du 20 mars 1884 précité). Voir dans Thaller, *eod. loc.* les motifs cités de deux arrêts en sens contraire de Paris 30 juin 1883 ; Lyon, 12 août 1884.

« membre de la société, je suis mandant pour partie, et je poursuis la réparation des torts jusqu'à concurrence de ma part sociale ? »

On trouve de nombreux arrêts de cours en faveur de l'affirmative [1].

Nous croyons pourtant[2] que l'action en responsabilité contre les administrateurs en raison des fautes de gestion, appartient à la société exclusivement, par conséquent au syndic après la faillite, et non pas concurremment à chaque actionnaire pour sa part. Reconnaître ce droit à la fois à la société et à l'actionnaire, ce serait ouvrir, en effet, une source de conflits presque insolubles. L'actionnaire en entrant en société devient la partie d'un tout, il abdique son indépendance individuelle[3]. Quand la société était *integri status*, l'exercice de notre action de mandat était soumis à la volonté de l'assemblée des actionnaires et exercée par ses agents. La faillite n'anéantit pas l'être moral société, elle change seulement l'individu qui la représente ; par conséquent l'actionnaire doit être sous la dépendance du représentant actuel de la société, chargé d'agir dans l'intérêt de tous ; comme il était avant soumis, sauf le cas d'une

---

1. Notamment Paris 16 avril 1870 (S. 71, 2, 169) et les autorités citées dans l'arrêt de Cass. du 3 décembre 1883 et d'Orléans du 20 mars 1884 (précités).

2. Voir une note sur un arrêt de cassation du 23 février 1885 (S. 85, 1, 337).

3. On devrait toutefois faire exception pour des fautes particulièrement graves constituant des infractions à la partie immuable des statuts sociaux. L'actionnaire doit conserver le droit de se plaindre personnellement, car il n'a consenti à l'annihilation de sa personnalité, que sous la condition du respect des statuts. Les statuts n'étant pas respectés il pourra demander la liquidation de sa part, et se retirer de la société (au surplus, voir Cassation, réq., 3 décembre 1883 (S. 85, 1, 97) et note.

fraude, à une majorité souvent trop facile à entraîner. Ce résultat peut être fâcheux, mais il s'impose, car on ne peut pas cumuler l'avantage de la liberté individuelle et celui de l'association.

La Jurisprudence méconnaît ces principes en permettant à chaque actionnaire d'intenter pour partie l'action qui nous occupe[1].

3° Les fondateurs et les administrateurs, aux termes de l'article 42 de la loi de 1867, sont responsables lorsqu'ils n'ont pas observé les prescriptions légales en matière de société anonyme, et ont occasionné ainsi la nul-

---

1. Voir outre les arrêts déjà cités : Cassation 9 juin 1874 (D. 75, 1, 387 ; Paris 6 mai 1885 (D. 86, 1, 25) ; Cassation 23 février 1885 (S. 85, 1, 337). Ce dernier arrêt contient une décision relative à une question particulière se rattachant à l'exercice des actions individuelles en matière de faillite sociale : voici l'hypothèse dont il s'agit. Une société anonyme est en faillite, un tiers se prétend créancier et veut se faire admettre au passif ; un actionnaire a-t-il comme le syndic ou tout autre créancier le droit de contester la créance ? Il est intéressé à ce que le passif ne soit pas exagéré, soit à cause du reliquat possible auquel il pourrait avoir droit, soit surtout dans le cas où ses actions ne seraient pas libérées à cause d'un versement qu'il serait obligé d'effectuer. La cour décide qu'on est dans ce cas en présence d'une action purement sociale, dont l'exercice est réservé exclusivement au syndic. M. Labbé constate avec juste raison que la cour se met en contradiction avec elle-même dans deux hypothèses tout à fait analogues. En effet, elle vient de décider qu'un actionnaire peut agir individuellement pour sa part, contre les mandataires de la société, à raison de leurs fautes de gestion. Pourquoi si l'actionnaire est pour partie mandant dans le mandat donné au nom de la société ne serait-il pas, pour partie, considéré comme débiteur des dettes de la société quand il n'a pas versé toute sa mise ? Si la Cour de cassation avait suivi logiquement son système elle aurait dû, il semble, permettre à l'actionnaire de contester la créance au moins dans la mesure de son intérêt. M. Labbé admet la possibilité de cette contestation, basée sur l'intérêt de l'actionnaire, surtout parce qu'elle ne lui paraît pas susceptible de troubler beaucoup la marche des affaires de la faillite (Voir note sous Cass. 23 février 1885).

lité du pacte social. Cette action se décompose. Il faudra en effet demander et obtenir après l'avoir démontrée la nullité de la société, et une fois cette nullité prononcée, on en tirera les conséquences, sous forme de responsabilité individuelle, en intentant une action en dommages et intérêts.

Cette double action touche à l'intérêt de tous les actionnaires, mais on ne doit pas dire pour cela qu'elle doit être intentée par le syndic. En effet, comme le fait observer M. Labbé [1], avant la faillite cette action est dirigée contre les administrateurs et les fondateurs attaqués à deux titres. Les administrateurs seuls comme représentant la société, et les deux comme responsables des vices constitutifs entraînant la nullité. Malgré la faillite, il faudra prononcer la nullité. Le syndic remplace alors dans leur ancien rôle les administrateurs. Il sera le représentant légal de la société attaquée. Il interviendra comme tel dans l'instance engagée par les actionnaires. Il est donc absolument contradictoire d'admettre que cette action sera réservée au syndic, puisque précisément c'est contre lui qu'elle s'intente d'une façon normale.

A cette action en nullité succédera immédiatement une action en dommages et intérêts contre les fondateurs et les administrateurs responsables. Cette action sera certainement individuelle; il ne peut plus, en effet, être question d'une action sociale, puisque la société n'existe plus. La faillite ne saurait investir le syndic du droit d'agir, de ce chef, au nom des actionnaires. Le syndic peut bien représenter la masse des créanciers, mais il est inadmissible de décider qu'il représente une société qu'on vient d'annuler. D'ailleurs l'article 42 de

1. Note sur l'arrêt d'Orléans précité.

la loi de 1867 réserve dans ce cas le droit des actionnaires, or ce droit réservé serait illusoire si le syndic
exerçait l'action, car les dommages obtenus iraient gros-
sir la masse[1].

1. Conf. Jurisprudence de la cour de Lyon dans les nombreux procès de la banque Lyon-Loire. Notamment : Arrêt du 7 février 1883,
J. des soc. 1883, p. 181.

CHAPITRE II

L'article 444 du Code de commerce rend exigibles, après la faillite, les dettes passives du failli dont l'échéance n'est pas encore arrivée.

L'application de cet effet du jugement déclaratif à notre matière donne naissance à deux difficultés particulières. Nous allons les examiner.

a. Remboursement des obligations à primes. — Il arrive fréquemment en pratique qu'une société, pour arriver à se procurer vite le plus d'argent possible, offre à ses souscripteurs les avantages souvent considérables qui résultent d'obligations à primes. On appelle ainsi des obligations émises à un taux souvent bien inférieur à celui du remboursement. Ainsi, par exemple, on donnera aux capitalistes la faculté d'acheter des obligations émises au taux de 300 francs, et remboursables par annuités, au bout d'un certain temps fixé à l'avance, au prix de 500 francs, ce qui fait un boni net de 200 francs par obligation. Souvent, les avantages sont même plus considérables, c'est ainsi que les dernières obligations de Panama, émises à 450 francs, sont remboursables par annuités au taux uniforme de 1,000 francs.

Ou bien, on lance encore dans le public des obliga-

tions à lots ; on organise chaque année des tirages fi-
nanciers, et les premiers numéros d'obligations qui
sortent peuvent être ainsi gratifiés de sommes souvent
considérables.

Ces opérations sont-elles légales ? Il semble, à première vue, qu'elles violent encore la loi de 1838, qui
prohibe les loteries, et qu'elles violaient sans distinction
la loi du 3 septembre 1807, avant celle du 12 janvier 1886, qui a consacré la liberté du taux de l'intérêt
conventionnel en matière commerciale. Mais cette dernière loi maintient le taux maximum en matière civile,
donc elle ne s'applique pas aux sociétés civiles à forme
commerciale, aux sociétés minières par exemple. La
question de violation peut encore se poser pour ces
sortes de sociétés.

En matière d'obligations à primes, et pour ce qui est
relatif à la prétendue violation de la loi de 1807, la jurisprudence [1] ne voyait pas là un prêt usuraire, et nous
sommes de son avis. Très ordinairement, en effet, on
payait dans ce cas aux obligataires un intérêt inférieur
au taux légal qui, on le sait, était de 6 0/0 en matière
commerciale et est encore de 5 0/0 en matière civile.
Les sommes qui représentent la différence entre l'intérêt payé et le taux légal, entraient dans la caisse d'amortissement et étaient affectées chaque année au paiement
des primes. C'est ainsi, par exemple, qu'une obligation
émise à 300 francs et remboursable à 500 francs rapportait 15 francs, c'est-à-dire à raison de 5 0/0, et le 1 0/0
restant servait à alimenter la caisse d'amortissement.

Mais on ne devait pas exagérer la différence qui existait entre le prix réel et le prix nominal. Si, par exemple une obligation émise à 250 francs rapportait 15 francs,

1. Voir arrêt de la cour de Paris 15 mai 1878 (D. 80, 2, 25 et note).

l'obligataire touchait déjà 6 0/0 d'intérêt ; tout ce qu'on
lui donnait en plus sous forme de prime était usuraire.
La loi de 1807, en tant qu'il s'agira de sociétés civiles à
forme commerciale, sera violée encore aujourd'hui dès
que l'intérêt payé atteindra le taux légal maintenu. Les
obligations à prime ne tombent pas davantage sous le
coup de la loi de 1838, sur les loteries. En effet, tous
les obligataires encaissent sans exception une prime
s'élevant à la même somme. Le sort, ici, n'est pas une
condition d'acquisition de la prime, il sert seulement à
déterminer l'époque précise de sa perception [1]. La loi de
1838 ne vise que le gain *acquis* par la voie du sort, or,
le sort, ici, n'est pas *attributif* du profit des obligataires.

Les obligations à lots, au contraire, ressemblent
beaucoup à une loterie, sans toutefois se confondre avec
elle. Dans une loterie, en effet, les non-gagnants perdent
toute leur mise, tandis que, en matière d'obligations à
lots, les non-gagnants peuvent avoir fait quand même
un bon placement, dont ils se contentent de retirer les
intérêts normaux. Ce sera une question d'appréciation.
Si les lots constituent seulement un avantage accessoire
offert aux souscripteurs, l'émission sera valable, sinon
elle devra être soumise à une loi spéciale.

Une société ayant émis de ces obligations à primes
qu'il n'a pas été inutile, croyons-nous, de préciser,
tombe en faillite. Des questions intéressantes se pré-
sentent à notre examen.

On s'est demandé d'abord si, malgré la faillite, l'a-
mortissement ne pourrait pas suivre son cours : s'il ne

1. Conforme avis du Corps législatif deux fois consulté sous l'Empire (séance du 10 juin 1865-16 juin 1868) ; arrêt du 14 janvier 1876
(D. 76, 1, 185) ; Lyon-Caen et Renault, *op. cit.*, n° 378.

serait pas possible, par exemple, après avoir fixé le dividende revenant à chaque obligataire, d'établir un fonds d'amortissement jusqu'à concurrence de ce dividende. Une réponse négative s'impose. La faillite, on le sait, rend exigible, à l'égard du failli, les dettes passives non échues (art. 444). Les porteurs d'obligations à primes doivent donc nécessairement figurer dans la faillite, les annuités de remboursement sont supprimées. Mais pour quelle somme auront-ils le droit de produire? Nous trouvons plusieurs opinions en présence.

Une première, qui d'ailleurs n'est plus guère en faveur, les admet à figurer pour le montant total de la valeur nominale du titre, c'est-à-dire pour 500 francs dans notre hypothèse. Parce que, dit-on, c'est là la seule somme qui figure sur le titre de créance. Le terme est effacé par la faillite, il importe peu qu'il soit plus ou moins long[1]. Ce résultat est choquant, on ne saurait l'admettre. Sans entrer dans de longs développements, étant donné surtout que l'opinion n'est plus guère soutenue aujourd'hui, nous le repousserons en faisant observer que la prime de remboursement est formée annuellement par la somme résultant de la différence entre le taux d'intérêt ordinaire et le taux inférieur payé à chaque obligataire. C'est cet excédent d'intérêt au bénéfice de la société, qui constitue le fonds d'amortissement. Or, la faillite, aux termes de l'article 445, arrête le cours des intérêts. La formation des primes n'est désormais plus possible pour l'avenir. Si les obligataires non encore remboursés pouvaient produire pour le mon-

---

1. Conf. Regnault et Valframbert « Du droit des obligations sur le prix de rachat des chemins de fer ». Ils citent notamment à l'appui de leur thèse un arrêt de Lyon du 8 août 1873 (D. 74, 2, 201) dans lequel il s'agit de déconfiture et non de faillite, la situation n'est pas la même.

tant total d'une prime désormais tarie dans sa source, ils porteraient préjudice aux autres créanciers de la masse, en leur enlevant des sommes sur lesquelles ils ont le droit de compter. L'égalité voulue par la loi serait violée.

Il va sans dire que le remboursement au taux de la prime est valable pour les obligations déjà sorties avant la faillite. De même aussi si on est en présence de tirages en retard, on devra les faire, pour admettre les obligations favorisées, au taux de la prime [1].

Si, avec cette première opinion, on fait perdre la masse au profit des obligataires ; avec une deuxième, en vertu de laquelle les obligataires ne pourraient produire que pour le capital d'émission, on arrive au contraire à frustrer les obligataires au profit de la masse. Nous ne saurions accepter cette manière de voir qui est consacrée par le Code Italien (article 829). Elle est injuste. On ne saurait oublier en effet que les obligataires ont sacrifié chaque année une partie de leurs intérêts pour faire fonctionner les primes de remboursement.

Nous admettrons les porteurs d'obligations à produire pour une moyenne entre le capital versé et celui de remboursement. La plupart des auteurs tombent d'accord pour reconnaître qu'en prenant d'abord pour base la valeur réelle de l'obligation souscrite, on doit tenir compte en second lieu des sommes représentant les intérêts retenus chaque année par la société depuis l'émission jusqu'à la faillite, et enfin de la plus-value attribuée à l'obligation par suite de l'époque de remboursement qui est plus proche.

Les tribunaux ont, à ce sujet, formulé divers modes, de computation.

1. Douai, 24 janvier 1873 (D. 74, 2, 203).

Un premier, dont le fonctionnement n'est pas indiqué par le texte avec beaucoup de clarté, est celui du tribunal de commerce de la Seine et de la cour de Paris, développé dans une note de M. Levilain [1]. « Pour arriver à fixer la somme destinée à figurer dans la faillite, on déterminera le terme moyen de la période de remboursement, c'est-à-dire le moment où si l'amortissement continuait, il y aurait égalité entre le nombre d'obligations remboursées et à rembourser [2]. Puis on recherchera la quotité des retenues annuelles, pour que les retenues successives additionnées, plus les intérêts produits par elles à compter de la capitalisation, constituent à l'époque moyenne de l'amortissement le montant total de la prime de remboursement. Enfin étant donné le chiffre de cette retenue annuelle, il faut déterminer la portion des primes produite par les capitalisations opérées jusqu'au moment de la faillite en tenant toujours compte des intérêts composés [3]. »

Un deuxième procédé est celui de la cour de Douai, contenu dans l'arrêt précité du 24 janvier 1873. D'après lui, la fraction de la prime à allouer est avec la prime totale, dans la même proportion que le nombre d'années écoulées depuis l'ouverture de l'amortissement jusqu'à la faillite, avec la durée moyenne de cette même période. Ex. : Si la durée moyenne est de 78 ans, la faillite arrive après 7 ans, la prime étant de 200 francs, les obligataires pourront réclamer les 7/78 de cette somme.

1. Paris, 15 mai 1878 (D. 80, 2, 25) et note Levilain, trib. de comm. de la Seine, 6 octobre 1875, *J. des trib.*, p. 511.

2. On doit observer qu'ordinairement le nombre d'obligations à rembourser augmente proportionnellement à mesure que l'on se rapproche de la période finale.

3. On fait produire dans ce cas immédiatement des intérêts aux intérêts, et on viole semble-t-il l'article 1154 du Code civil.

Enfin un troisième procédé qui nous paraît le plus clair est celui que contient un arrêt de cassation de 1863 [1]. Les porteurs d'obligations à primes doivent être admis au passif pour le prix d'émission, augmenté des fractions d'intérêt réservé, qui ont couru jusqu'au jour de la faillite, et d'une indemnité représentant l'accroissement de la valeur des obligations à raison des chances de remboursement.

La loi Belge de 1873 sur les sociétés contient dans son article 69, au sujet de notre question, la disposition suivante : « En cas de liquidation les obligations remboursables par voie de tirage au sort à un taux supérieur au prix d'émission, ne seront admises au passif, que pour une somme totale égale au capital que l'on obtiendra en ramenant à leur valeur actuelle au taux de 5 0/0, les annuités d'intérêt et d'amortissement qui restent à échoir. Chaque obligation sera admise pour une somme égale au quotient de ce capital divisé par le nombre des obligations non encore éteintes ».

Au lieu de s'appliquer à chercher des formules plus ou moins obscures, il vaut mieux, croyons-nous, laisser les tribunaux libres d'apprécier conformément à l'équité, les sommes dues, en tenant compte des trois éléments que nous avons indiqués [2].

Si une société avait organisé l'amortissement des actions par voie de tirage au sort, cet amortissement ne peut fonctionner qu'avec une société *in bonis*. Il est certain qu'après la faillite, les porteurs d'actions non payés ne peuvent pas figurer au passif pour le montant de

---

1. Cassation 10 août 1863 (S. 63, 1, 428) rendu à propos de la faillite du chemin de fer de Graissessac à Béziers.

2. Conf. Lyon-Caen et Renault, *op. cit.*, n° 2700 ; Pic, *op. cit.*, page 113.

leur capital, car ils porteraient préjudice aux créanciers sociaux avec lesquels ils ne doivent jamais se trouver en concours [1].

b. Exigibilité des actions. — Il peut arriver, et la chose n'est pas rare en pratique, qu'au moment où la faillite d'une société est déclarée, les actionnaires ou les commanditaires n'aient pas encore versé dans la caisse sociale le montant complet des sommes par eux promises. Les syndics des faillites ont-ils le droit de réclamer le complément des versements, d'exiger immédiatement la libération entière des actionnaires, sans qu'ils aient besoin au préalable de justifier et de légitimer leur demande en établissant l'insuffisance de l'actif social?

La jurisprudence surtout dans ces dernières années a eu à s'occuper de la question, et voici quelle est sa manière de voir à cet égard.

Les tribunaux de commerce dans l'ensemble de leur jurisprudence, se décident en faveur du versement intégral obligatoire. C'est dans ce sens que s'est prononcé le tribunal du Havre notamment dans un jugement du 9 janvier 1884, et celui de la Seine dans deux jugements des 15 janvier et 3 juin de la même année [2].

La Cour de Paris déjà dans un arrêt de 1850 émettait une opinion contraire. Elle reconnaissait bien, que nonobstant termes et délais accordés par les statuts sociaux aux actionnaires, la faillite sociale rendait le montant des actions exigible, mais seulement dans la mesure du passif de la faillite. Dans un arrêt du 8 février 1884 [3], elle consacre explicitement cette même

1. Trib. de comm. de la Seine, 21 avril 1886 (*J. d. soc.* 1886, p. 674)

2. *J. des faill.*, 1884, 158, 413.

3. 8 février, *J. d. P.* 1884, 619 ; Conf. Cass 18 avril 1877 (S. 79, 1, 69); Paris, 7 août 1884, *J. d. f.* 1884, p. 521.

thèse en décidant « que le compte de l'excédent non cou-
vert devait être dressé avant que l'actionnaire ne fût
contraint au paiement ».

La Cour de cassation par un arrêt tout récent, du
20 octobre 1886 [1], vient de donner raison aux tribunaux
de commerce, en décidant que le syndic a le droit de
demander à chaque associé tout ce qu'il doit encore sur
le montant de sa mise sociale, sans avoir à justifier de la
nécessité de cette libération pour l'acquittement des
dettes de la société, et même sans avoir besoin de demander une libération aussi complète aux autres associés. Sauf le droit pour l'actionné de réclamer contre la
gestion du syndic devant le juge-commissaire, et sur
recours, devant le tribunal de commerce.

Cette jurisprudence de la Cour de cassation doit-elle
être complètement approuvée? nous ne le croyons pas.
Pour la discuter nous devons d'abord distinguer le cas
où les statuts sociaux ont fixé d'avance l'époque de la
réalisation des versements; et le cas, le plus normal
d'ailleurs, où le versement sera exigible en tout ou en
partie, en vertu d'une délibération de l'assemblée générale ou du conseil d'administration.

Dans la première hypothèse d'aucuns ont prétendu
en s'appuyant sur la disposition de l'article 444 (C. com.)
que le syndic avait le droit d'exiger par anticipation
les versements échelonnés à des dates fixées d'avance.
La faillite a-t-on dit rend les dettes à terme exigibles; et
d'ailleurs, si on ne pouvait pas faire rentrer immédiatement tout l'actif social, la liquidation serait compliquée,
et beaucoup retardée. Nous ne saurions adopter cette
opinion, l'article 444 est ici hors de cause, la déchéance
du terme dont il parle vise les dettes du failli. Or le

1. S. 87, 1, 49.

failli ici c'est la société ; les actionnaires ne doivent pas
être confondus avec elle ; ils ne sont pas en faillite ; la
déchéance de notre article ne les touche pas. Au nom
de l'utilité pratique on ne saurait la leur étendre. Donc
nous déciderons que le syndic, pour réclamer aux actionnaires le montant de leur souscription, doit forcément
attendre l'arrivée des échéances [1].

Si au contraire on n'a fixé aucun terme, si les versements pouvaient être appelés par un vote de l'assemblée
générale ; beaucoup d'auteurs décident que le syndic a
le droit d'encaisser immédiatement et sans justification
le montant intégral de ce qui reste dû. On dit : les syndics
après la faillite, sont substitués à tous les organes sociaux, ils détiennent en leurs mains tous les pouvoirs,
ils sont omnipotents. D'un autre côté les actionnaires
sont tenus de se libérer sans condition, la faillite ne
peut pas modifier leur situation. Ils devront donc payer
au syndic, chargé du recouvrement des dettes (art. 485)
pour arriver à former la masse active, le montant intégral de ce qu'ils doivent.

Cette solution nous paraît bien rigoureuse.

Pourquoi ne pas permettre au syndic de ne demander que la somme nécessaire au désintéressement intégral des créanciers de la faillite ? Pourquoi forcer les
actionnaires, qui ont droit au reliquat, à verser un supplément qu'on devra, peut-être, leur restituer plus tard ?
Les actionnaires peuvent souffrir de ces versements inutiles. Il leur est peut-être difficile de se procurer en ce
moment l'argent qu'on leur demande sans justification
préalable [2].

1. Conf. Thaller, *Revue critique*, 1885, p. 295 ; Lyon-Caen et Renault, *op. cit.*, n° 3123 ; Boistel, *Précis*, n° 933 ; Namur, t. III, n° 1676.
2. Nous pouvons noter que dans la pratique beaucoup de concordats

M. Labbé [1], combattant le dernier arrêt de cassation, soutient l'opinion de la cour de Paris, et pense que le syndic a seulement le droit d'exiger les versements né-cessaires pour acquitter les dettes sociales et combler le passif actuel de la faillite. Pour développer sa thèse, toute d'équité, il insiste surtout sur le tort que l'on a d'assimiler les actionnaires aux débiteurs ordinaires d'un commerçant. Les débiteurs ordinaires doivent tout payer en tout état de cause. Le syndic représente la société leur créancière, et il est libre, comme elle, de leur accorder ou non un terme. Peu leur importe, d'ail-leurs, de payer à la faillite ou à la société *in bonis*. Les actionnaires, au contraire, ont contracté ensemble : ils ont créé la société que l'on suscite contre eux, son actif, après paiement des dettes, leur appartient. Si on se place dans l'hypothèse où après la faillite le concordat a été refusé, la société actuelle ne peut plus revivre. Les actionnaires avaient promis de verser des sommes destinées à donner un nouvel essor aux entreprises sociales, or, cet essor de la société est définitivement enrayé. Ils ne doivent plus désormais que pour désinté-resser les créanciers sociaux. Cette thèse est celle de la justice ; dans le silence de la loi actuelle, nous serions assez porté à l'adopter.

Ces idées ont été émises dans la discussion de la loi nouvelle sur les sociétés et la dominent dans son esprit [2]. Il serait bon, semble-t-il, qu'un texte formel les consacre.

accordés aux sociétés anonymes contiennent une clause portant, de la part des créanciers sociaux, remise partielle du versement dû sur les actions. Ces conventions qui sont de véritables transactions, se-raient, il semble, impossibles si on admet que le syndic provoque im-médiatement la libération complète des actions.

1. Note sous l'arrêt de cassation du 20 octobre 1886.
2. *Journal officiel* du 26 novembre 1884, p. 1762.

L'article 852 du Code Italien exige une autorisation du
tribunal avant de poursuivre les associés non solidaires.
Le nouveau Code Espagnol paraît être, lui aussi, conforme à notre manière de voir. Dans son article 925, il
dit que le syndic aura le droit de faire les appels de fonds
qui seront nécessaires.

Avant la faillite, les appels de fonds s'adressent à tous
proportionnellement. Aucune raison ne force à violer
après la faillite cette règle d'égalité. C'est la conséquence logique de la différence que nous avons constatée
entre une dette ordinaire et les versements des actionnaires. Ces derniers doivent toujours contribuer également aux dettes sociales. Il vaut beaucoup mieux ne pas
rompre l'égalité, on ne sera pas ainsi obligé de la réta-
blir dans le compte final. C'est là ce que n'admet pas
notre arrêt en décidant que le syndic a le droit de poursuivre les actionnaires pour parts inégales. Pour la Cour
de cassation, il suffit que l'égalité soit respectée dans le
compte final de liquidation. L'associé actionné pour
toute sa mise, tandis que les autres sont épargnés en
partie, doit subir cette exigence, sauf à faire valoir sa
réclamation lors de la reddition des comptes. Il peut
pourtant se plaindre au juge-commissaire et essayer
d'obtenir une rétractation de l'autorisation par lui ac-
cordée. Cette décision ne nous paraît pas justifiée. Le
syndic, substitué aux administrateurs, doit suivre comme
eux, pour les appels de fonds, les règles de l'égalité, dont
aucun article ne le dispense. « On ne doit pas froisser
chez les actionnaires, comme dit M. Labbé (note préci-
tée), un sentiment de justice fondé en droit. »

Si après avoir fixé la part contributoire de chaque actionnaire il s'en trouve d'insolvables, qui doit supporter
cette insolvabilité ? Retombe-t-elle sur les autres com-

manditaires ou sur les créanciers? La solution dépend
de l'opinion adoptée dans la question de savoir si les
actionnaires sont ou non directement tenus de leurs
versements envers les créanciers. Si l'on admet qu'ils
ont directement traité avec les créanciers par l'intermédiaire du gérant qui les représente, les créanciers auront
une action directe contre eux; et, dans les limites de
l'apport promis, ils seront sur le même pied que les associés en nom, par conséquent solidaires de leurs versements respectifs, et l'insolvabilité de quelques-uns
d'entre eux incombera aux autres.

Si, au contraire, il ne sont tenus de l'apport qu'envers
la société, les créanciers n'auront contre eux que l'action oblique de l'article 1166 (C. civ.), la solidarité
n'existera pas, et l'insolvabilité retombera sur les créanciers.

C'est la première opinion que nous adoptons. Le
pacte social, en effet, doit contenir les sommes promises,
les créanciers qui les connaissent ont eu le droit de compter sur elles intégralement. Les actionnaires ou les
commanditaires ont donné mandat de gérer jusqu'à concurrence de leurs apports. Ils sont, dans ces limites,
associés au même titre que les commandités; les obligations des deux catégories d'associés ne diffèrent que par
rapport à leur étendue. Nous déciderons que dans l'hypothèse d'insolvabilité de la part de certains actionnaires,
on devra s'adresser également à tous les solvables, pour
leur demander un supplément ne pouvant jamais excé-
der le total des versements par eux promis[1].

---

1. Conf. Lyon-Caen et Renault, *op cit.*, n° 354; Boistel, *op. cit.*,
n° 210 ; Rousseau, *op. cit.*, t. I, n° 923 et suiv. ; Ruben de Couderc,
Dictionnaire, n° 430 ; V° Soc. en commandite. — Note de Labbé sous
l'arrêt du 30 octobre 1886.

Observation. — Nous avons dit que la faillite d'une société en nom collectif ou en commandite entraînait celle de tous les associés en nom. Ces associés sont tous débiteurs solidaires des créanciers sociaux, qui auront le droit de produire pour leur créance à la faillite de chacun jusqu'à leur complet paiement. Tant qu'ils n'auront rien touché, ils produiront, pour le montant intégral de ce qui leur est dû. Mais si les faillites se liquident successivement, doivent-ils produire dans chacune, sous déduction du dividende reçu, ou toujours pour le chiffre nominal de leur créance, jusqu'à complet paiement ? Cette dernière manière de voir est la vraie (art. 542, C. civ.). Elle est conforme aux principes de la solidarité, qui a pour but d'assurer un complet paiement aux créanciers.

L'article 543 (C. com.) règle les conditions du recours ouvert de masse à masse, après les paiements opérés par chaque faillite, dans l'hypothèse où les créanciers auraient, au total, perçu une somme plus forte que celle qui leur était due. Examiner ici en détail cette question serait un hors-d'œuvre. Elle n'est pas particulière à notre matière. Elle se présente, et toujours la même, dans toutes les hypothèses fréquentes de solidarité en matière commerciale. Nous n'avons ici aucune particularité à indiquer ; et nous nous contentons de signaler son application, en renvoyant au droit commun des faillites pour les détails [1].

1. Voir notamment Lyon-Caen et Renault, n° 3065.

IVᵉ PARTIE

Solutions de la Faillite

En principe les solutions applicables à la faillite des sociétés sont les mêmes que celles des faillites ordinaires. La faillite sociale pourra donc se terminer soit par un concordat soit par l'union, et il sera enfin possible aussi que les opérations de la liquidation soient suspendues pour cause d'insuffisance d'actif.

CHAPITRE PREMIER

DU CONCORDAT

C'est surtout sur la solution par le concordat que nous devons insister, car l'application des règles du droit commun en cette matière, soulève certaines difficultés.

a. Sociétés qui peuvent l'obtenir. — Demandons-nous tout d'abord si les sociétés en faillite peuvent obtenir un concordat? Pour les sociétés en nom collectif auxquelles il faut assimiler les commandites, la réponse affirmative n'est pas douteuse. L'article 531 (C. com.) en prévoit expressément la possibilité.

Le Code est au contraire muet sur la faillite des sociétés anonymes. Aussi a-t-on nié que leur faillite pût, comme celle de tous les autres commerçants, recevoir une solution par un concordat soit simple soit par abandon d'actif.

En faveur de cette opinion, qu'on ne soutient presque plus aujourd'hui, on dit. Aux termes de l'article 1865 4° (C. civ.), la société est dissoute par la faillite, or une société dissoute n'existe plus, et ne peut pas traiter avec ses créanciers. On ajoutait encore surtout avant la loi de 1867 [1].

1. Cette loi, on le sait, a supprimé l'autorisation gouvernementale

Pour ces sociétés un concordat serait une reconstitu-
tion de la société sur des bases nouvelles, il faudrait
pour cela une autorisation du gouvernement; sans cette
autorisation le concordat est impossible.

Cette opinion est inadmissible. Nous savons en effet
que la faillite sociale ne dissout pas la société. La dissolution ne se produit que si la faillite frappe un associé
personnellement tenu. Il est aussi inexact de dire que
faillite sociale et anéantissement complet de l'être moral
société sont synonymes, car la faillite peut provenir d'un
embarras passager, et l'actif peut être supérieur au passif. D'ailleurs si ces arguments étaient vrais, ils prouve-
raient trop; on devrait logiquement en déduire que
même les sociétés en nom collectif, et les commandites
ne peuvent pas obtenir un concordat; ce qui est inadmissible et antilégal. Donc une société anonyme peut
obtenir un concordat ordinaire.

Les législations étrangères même celles qui admettent
la dissolution de la société par la faillite, et c'est le cas
des lois Allemande et Italienne, permettent aux sociétés
anonymes d'obtenir un concordat. C'est ainsi que la
loi Allemande, ne prohibe le concordat (art. 196) que
pour les sociétés coopératives, et le Code Italien (art. 841)
s'exprime ainsi. « Dans la faillite d'une société anonyme, qui ne se trouve pas en liquidation, le concordat
pourra avoir pour objet la continuation ou la cessation
de l'entreprise sociale. » L'article 928 du nouveau Code
Espagnol contient la même disposition.

La société anonyme peut-elle obtenir un concordat
par abandon d'actif ?

pour les sociétés anonymes, et ne l'a maintenue que pour les sociétés
d'assurances sur la vie (art. 66, loi de 1867) et pour les modifications
à apporter aux statuts des sociétés constituées avant la loi de 1867.

M. Lyon-Caen [1] n'est pas de cet avis, car, dit-il : entre le concordat par abandon d'actif et l'union, il y a seulement cette différence, c'est que dans le concordat le failli est remis à la tête de ses affaires, or une société anonyme n'existe que par son capital, lorsque ce capital a été distribué aux créanciers, la société est anéantie : comment admettre qu'elle puisse être remise à la tête de ses affaires ?

Cette opinion de M. Lyon-Caen paraît être la conséquence d'une autre du même auteur, que nous avons déjà combattue, en vertu de laquelle la faillite d'une société anonyme révoque *ipso facto* le mandat des administrateurs qui représentaient la société *in bonis*. Nous avons décidé que ce mandat n'était pas révoqué, que ces mêmes administrateurs représentaient la société en faillite non dissoute. Elle n'est donc pas anéantie, même après le concordat par abandon d'actif ; et de plus on peut concevoir qu'il lui reste encore le moyen de se procurer des fonds pour lui permettre de continuer ses affaires. C'est ce qui arrivera dans l'hypothèse fréquente en pratique, où le concordat contiendra une clause en vertu de laquelle les créanciers auront accordé aux actionnaires la remise partielle du versement dû sur les actions. Dans ce cas la société pourra obtenir, de ces actionnaires, le complément des versements [2].

Il arrivera peut-être en pratique que ces ressources seront insuffisantes ou irrecouvrables, et la société ne pourra pas continuer à vivre, mais, il nous semble qu'a-

1. Voir note sous un arrêt de Paris du 12 juillet 1869 (S. 71, 2, 233).

2. La société pourra aussi se réserver pour son propre compte, le recours en responsabilité contre les administrateurs pour fautes de gestion.

vec ces éléments le concordat par abandon d'actif d'une
société anonyme doit être possible [1].

*b. Du concordat social dans ses rapports avec les con-
cordats des associés et réciproquement.* — Dans les sociétés anonymes, les associés ne sont pas en faillite, il ne
peut pas être question de leur accorder un concordat.
Il en est de même dans les commandites pour les commanditaires.

Dans les sociétés en nom collectif, au contraire, les
associés solidaires encourent la faillite personnellement,
comme conséquence de la faillite sociale. Nous nous
trouvons alors en présence de plusieurs faillites distinctes. Ces faillites peuvent, aux termes de l'article 531,
ne pas avoir la même solution. Les créanciers peuvent,
par exemple, consentir un concordat à un ou plusieurs
associés, et se mettre en état d'union vis-à-vis de la société ou réciproquement. Comment va-t-on procéder
pour arriver à ces résultats différents? Nous distingue-
rons deux hypothèses :

1re *hypothèse.* — Un concordat est accordé à un ou
plusieurs associés et refusé à la société. C'est là le cas
expressément prévu par l'article 531, qui dit: « Lorsqu'une société sera en faillite, les créanciers pourront
ne consentir de concordat qu'en faveur d'un ou de plusieurs associés. » Aux termes de l'article 507, nous
savons que le concordat doit, pour pouvoir être accordé,
réunir un nombre de créanciers formant la majorité et
représentant en outre les trois quarts de la totalité des
créances vérifiées et affirmées ou admises par provision.
Comment va-t-on obtenir cette double majorité nécessaire pour qu'un failli quelconque, individu ou société,

1 Conforme arrêt de la cour de Paris du 12 juillet 1869 (S. 71. 2,
233; D. 70, 2, 71).

soit remis à la tête de ses affaires ? Nous nous trouvons
ici en présence de deux masses de créanciers qui, toutes
les deux, ont droit aux biens de l'associé failli. La première comprend les créanciers personnels de cet associé,
et la deuxième tous les créanciers sociaux, car ce failli
était tenu *in infinitum* des dettes sociales. Tous ces
créanciers ont certainement le droit de prendre part au
vote du concordat, mais l'existence de ces deux masses
a donné naissance à une controverse au sujet de la façon
de voter et de calculer la majorité. On peut relever
plusieurs opinions différentes.

α. Une première prétend que l'associé ne peut être
remis à la tête de ses affaires sans avoir obtenu deux
véritables concordats individuels. M. Geoffroy, qui la
soutient[1], prétend que l'article 531 a eu seulement en
vue les créanciers de la société. Partant de là, il dit :
« Les créanciers sociaux seuls ont le droit de voter le
concordat particulier. Du moment qu'ils ont voté ce
concordat, les créanciers sociaux n'ont pas besoin de
concourir, avec les créanciers personnels, au concordat
personnel que le failli veut obtenir de ces derniers, par
la raison que les créanciers sociaux ont épuisé leur droit
en votant un concordat particulier. » Avec ce système,
on arriverait à cette étrangeté : c'est qu'un individu
pourrait obtenir un concordat vis-à-vis d'une catégorie
de créanciers ; il serait remis à la tête de ses affaires à
leur égard, tandis qu'il y aurait union à l'égard de l'autre masse qui, elle, aurait au contraire refusé de le remettre à flot. Avec de telles conséquences, un pareil
système doit être rejeté. D'ailleurs, nous ne saurions
accepter l'interprétation donnée dans ce système à l'article 531. Cet article n'a pas pour but d'indiquer quels

---

1. *Code pratique des faillites*, p. 296 (*in fine*).

sont les créanciers appelés à voter le concordat d'un associé, il veut seulement exprimer que les faillites des associés et celle de la société n'auront pas forcément la même solution [1].

6. M. Renouard [2], dans un second système, pense qu'il faudra à l'associé, pour obtenir un concordat, deux votes successifs. Un premier, comprenant la double majorité en nombre et en sommes de l'article 507, devra émaner des créanciers sociaux; et un deuxième devra être émis dans les mêmes conditions par les créanciers personnels et les créanciers sociaux réunis. De telle sorte que si les créanciers sociaux s'opposent au vote du concordat particulier, malgré l'avis favorable de tous les créanciers personnels, le concordat ne pourra pas être accordé. Avec ce système, on viole l'égalité en accordant une sorte de droit de veto à une catégorie de créanciers à l'encontre de l'autre. Ce privilège que l'on accorde aux créanciers sociaux, n'est écrit nulle part d'une façon explicite dans la loi; on ne saurait le déduire de notre article 531. Il suffirait de quelques créanciers sociaux, d'un seul peut-être, représentant un peu plus du quart du passif social, pour annihiler, non seulement les autres créanciers sociaux, mais aussi tous les créanciers personnels de l'associé en leur imposant sa volonté, ce serait injuste. Si, pour certains, l'art. 531 ne semble viser que les créanciers sociaux, tout le monde admet qu'on ne saurait se passer des créanciers

---

1. Il pourra arriver plusieurs fois que les associés ne faisant pas d'affaires en dehors de la société, n'auront pas de créanciers personnels. Mais s'ils en ont, ils devront certainement délibérer sur le concordat à accorder à leur débiteur.

2. *Traité des faillites*, t. II, p. 139, 140; Conf. Alauzet, *C. comm.* t. IV, n° 1828.

personnels de l'associé. Dès lors, au nom de l'équité, on
doit tous les traiter également.

γ. Une autre opinion a été soutenue par M. Mathieu
Bodet [1]. D'après lui, ce sont exclusivement les créanciers
sociaux qui peuvent accorder un concordat particulier.
Mais si, pour ce qui les concerne, les créanciers personnels refusent d'en accorder un, le concordat accordé
par les créanciers sociaux est annihilé. La base de cette
opinion est toujours dans l'interprétation de l'art. 531,
que nous n'avons pas adoptée.

δ. Une dernière opinion, la vraie pour nous, celle qui
est généralement adoptée, conserve l'égalité entre les
deux masses et exige la double majorité de l'art. 507 de
la part des créanciers sociaux et des créanciers des associés. Les deux masses réunies en une seule votent
ainsi le concordat particulier. A quel moment ces concordats individuels devront-ils être votés ? La Cour de
cassation, dans un arrêt de 1869 [2], décide que ce concordat doit être demandé, à peine de déchéance, dans l'assemblée même où sont examinées les propositions de
concordat faites au nom de la société. Si après le rejet
du concordat social l'associé néglige d'en présenter un
pour lui, il sera ultérieurement déchu de ce droit, malgré les réserves qu'il aura pu faire.

Nous avons admis que la faillite sociale et celle des
associés avaient les mêmes syndics, le même juge-commissaire. Toutes les opérations se sont faites en commun. On a convoqué à la fois les deux masses de
créanciers pour entendre les propositions de concordat.
Il faut nécessairement délibérer dans la même séance
sur le concordat social. Nous admettrons donc, avec la

1. *Revue du droit français et étranger*, t. II, p. 641 et suiv.
2. Req. 26 avril 1869 (S. 70, 1, 113).

Cour de cassation, que l'associé devra, sous peine de déchéance, présenter séance tenante, après le rejet de celui de la société, son propre concordat. L'associé concordataire devra payer, cela va sans dire, le dividende promis sur son propre actif. On ne pourrait pas lui permettre de l'acquitter avec des valeurs faisant partie de l'actif social (art. 531, al. 2, *in fine*). Cet actif ne lui appartient pas, il reste le gage des créanciers sociaux ; c'est évident. L'alinéa deuxième de l'article 531, qui spécifie cela, paraît donc inutile. Mais il peut signifier que si l'associé concordataire n'avait pas versé dans la société tout ce qu'il doit, il serait obligé de compléter sa mise avant que de payer le dividende promis. Ou bien encore le législateur a peut-être voulu défendre une clause par laquelle les créanciers feraient abandon de l'actif social à l'associé concordataire[1].

La dernière partie de notre article, en disant : « l'associé qui aura obtenu un concordat particulier sera déchargé de toute solidarité », a eu pour but d'indiquer que l'associé concordataire, après avoir payé le dividende par lui promis, sera quitte vis-à-vis des créanciers sociaux, et déchargé à leur égard de toute obligation de payer les dettes sociales. Si donc ces créanciers ne sont pas complètement désintéressés, par les dividendes sociaux et par ceux qu'ils auront perçu dans les

---

1. D'après un arrêt de la Cour de Paris du 25 mars 1858 (S. 59, 2, 248), cette clause vaudrait si tous les associés étaient concordataires ; on ne serait plus dans les termes de l'article 531. Mais alors, dit M. Demangeat (sur Bravard-Veyrière, t. V, p. 683) une difficulté se présente. Comme les créanciers des associés n'ont aucun droit sur l'actif social, il faudrait, pour disposer de cet actif, les écarter et ne consulter que les créanciers sociaux. Etant donné que les deux masses sont nécessaires pour le concordat, cette décision ne semble pas être applicable en pratique.

faillites des autres associés, ils ne pourront plus rien réclamer à l'associé ou aux associés concordataires.

Un associé est tenu *in infinitum* des dettes sociales vis-à-vis des créanciers sociaux, mais, vis-à-vis de ses coassociés, il n'est tenu que jusqu'à concurrence de l'apport par lui promis. Si donc un associé a payé au delà de sa part contributoire, il aura un recours pour le surplus à exercer contre l'associé concordataire. En effet le concordat de ce dernier auquel il n'a pas pris part ne saurait lui nuire. Mais comme il est obligé pour le tout vis-à-vis des créanciers sociaux, ce n'est qu'après le paiement de ces créanciers qu'il pourra intenter son action contre son coassocié [1].

2° *Hypothèse.* — On accorde un concordat à la société non aux associés. — Dans les sociétés en commandite ordinaire et dans les sociétés en nom collectif, les propositions de concordat devront émaner des associés en nom. Elles seront exposées et discutées devant l'assemblée des créanciers par l'associé gérant chargé de représenter la société.

Est-il indispensable pour que le concordat soit possible que tous les associés en nom soient présents à l'assemblée qui doit le voter? Le concordat proposé ou accepté par un seul des associés solidaires au nom de la société, ne serait-il pas valable? Pour soutenir sa validité, on peut s'appuyer solidement sur l'article 1859 du Code civil, en vertu duquel les associés sont censés s'être donné mandat d'administrer la société l'un pour l'autre; et surtout sur l'article 22 du Code de commerce qui dit expressément : « Tous les associés en nom sont solidaires pour tous les engagements de la société, en-

1. Conf. Namur, t. III, n° 1906; Lyon-Caen et Renault, *op. cit.*, n° 3128.

core qu'un seul des associés ait signé, pourvu que ce soit sous la raison sociale ». Pour exiger la présence et la participation nécessaires de tous les associés solidaires à l'assemblée du concordat, on peut dire au contraire. Le concordat est un acte décisif d'où dépend la vie ou la mort de la société, il excède les pouvoirs d'administration qui sont accordés à chacun des associés pris séparément. Il faut que tous le proposent ou le ratifient, sans cela la société se trouve en état d'union [1].

La première opinion nous paraît, en l'état de notre législation, la plus conforme aux règles du droit commun contenues dans les articles 22 et 1859 précités.

Dans les sociétés par actions, surtout si l'on considère le concordat comme un acte excédant les pouvoirs d'administration des gérants et administrateurs maintenus en fonction, il est rationnel d'admettre que ces personnes devront, pour pouvoir proposer un concordat au nom de la société, se couvrir d'un vote favorable de l'assemblée des actionnaires. De même pour accepter un concordat proposé d'office par l'assemblée des créanciers, et pouvoir le signer, séance tenante, au nom de la société, ils devront au préalable y avoir été autorisés par leurs mandants.

Les créanciers sociaux à l'exclusion des personnels, dont les biens sociaux ne constituent pas le gage, auront seuls le droit de voter le concordat.

La Cour de cassation admet que le concordat accordé à la société par les créanciers sociaux, est virtuellement accordé par eux aux associés. Mais ce concordat ne sau-

---

1. La question vient d'être posée au tribunal de commerce de Bordeaux, qui par un jugement du mois d'avril 1887 (non encore reproduit dans les recueils) s'est prononcé dans ce dernier sens.

rait nuire aux créanciers personnels. Ils conservent eux leur liberté d'action, et le concordat social ne leur est pas opposable[1].

c. Concordat des sociétés dissoutes ou annulées. — Un concordat ordinaire, c'est-à-dire la remise à flot d'un organisme n'ayant plus, après sa liquidation, aucune existence légale, semble inadmissible en raison. Nous avons bien adopté le principe qu'une société dissoute ou nulle se survit à elle-même pour les besoins de sa liquidation. Mais cette survie n'est, au fond, qu'une fiction. Elle ne saurait persister lorsque les nécessités pratiques qui veulent le prolongement de cette existence ont cessé de se faire sentir. Nous avons appliqué les règles de la faillite à ces sortes de sociétés, surtout pour sauvegarder les droits des tiers ; parce qu'une liquidation judiciaire non réglementée dans notre Code aurait été impuissante à les protéger. Mais lorsque cette liquidation n'est plus en jeu, les règles de la faillite qui maintiendraient pour l'avenir l'existence de ces sortes de sociétés ne peuvent pas, par la force même des choses, recevoir ici leur application.

Nous déciderons aussi, en vertu de ces mêmes raisons, qu'une société dissoute ou nulle ne saurait bénéficier non seulement d'un concordat ordinaire, mais encore d'un concordat par abandon d'actif, car il tend, comme le concordat ordinaire, à maintenir pour l'avenir une société inexistante. Les anciens associés qui voudraient de nouveau tenter la fortune et reprendre l'exploitation de leur même commerce ou de leur industrie, devront forcément constituer une société nouvelle, sur de nou-

---

1. Cassation 5 décembre 1864, D. 65, 1, 15 ; S. 65, 1, 29 ; Cassation 7 janvier 1873, D 73, 1, 257.

velles bases, société qui n'aura rien de commun avec l'ancienne [1].

Cette solution, loin d'être incompatible avec la possibilité, par nous admise, de pouvoir déclarer ces sortes de sociétés en faillite, s'harmonise avec elle. Une société ne se survit à elle-même que pour les besoins de la liquidation. C'est alors le cas d'appliquer ici la maxime *cessante causa, cessat effectus*.

La Cour de Lyon semble avoir appliqué la théorie contraire, en homologuant, dans un arrêt du 18 mars 1884 [2], le concordat de la banque Lyon-Loire, dont la faillite a eu un retentissement particulier. C'était une société en faillite dissoute et déclarée nulle pour défaut d'observation de la loi de 1867. Mais le traité intervenu en l'espèce dont nous allons dire quelques mots n'est pas, à proprement parler, un concordat [3]. On a homologué, sous le nom de concordat, des transactions qu'on pourrait peut-être comprendre parmi celles permises aux syndics en matière de faillite, en vertu de l'article 487 du Code de commerce, ainsi conçu : « Les syndics pourront, avec l'autorisation du juge-commissaire, et le failli dûment appelé, transiger sur toutes contestations qui intéressent la masse, même sur celles qui sont relatives à des droits et actions immobilières. » Si la transaction dépasse 300 francs, une homologation du tribunal sera nécessaire. Le syndic avait fait approuver par les créanciers de la faillite des propositions émanées

1. Pour ce qui est relatif au concordat par abandon d'actif, voir *contrà* ; Lyon-Caen et Renault, *op. cit.*, n° 3134 et Thaller, *Revue critique* 1885, p. 397.

2. D. 84, 2, 211.

3. M. Thaller, *Revue critique* 1885, p. 297 et suiv. et M. Pic, *op. cit.*, p. 188 l'établissent très bien. On pourra se reporter à ces deux auteurs pour plus de détails.

du liquidateur et des fondateurs responsables de la nullité [1], en vertu desquelles les créanciers consentiraient à
ne plus poursuivre, ni les actionnaires, moyennant
paiement, par eux exécuté, d'un quart du non-versé sur
les trois quarts qu'ils devaient encore, ni les fondateurs,
moyennant certaines prestations. Cette renonciation,
comme le fait observer M. Thaller, n'est pas faite au
profit de la société, mais plutôt à celui de deux groupes
qui sont ses satellites. Or, un concordat est un traité
conclu avec un failli (la société en l'espèce), et lui pro-
curant certains avantages réels. Le premier groupe est
celui des fondateurs. Ils ont à payer certaines créances
que l'on ne croit pas être facilement recouvrables ; le
syndic, dans l'intérêt des créanciers et pour arriver à
leur assurer au moins le paiement d'une certaine partie
de ces sommes, fait avec ces débiteurs un arrangement,
une transaction, mais point du tout un concordat. Le
deuxième est celui des actionnaires, et le syndic, exerçant les droits de la société faillie, se contente de leur
réclamer un quart en leur donnant décharge des deux
autres. Il fait encore là une transaction, il agit dans les
limites de l'article 487. C'est peut-être, comme le dit
M. Thaller, « du mot même de concordat que doit provenir l'erreur commise. Il s'agissait de ramener le calme
sur la place, de rendre à la circulation des capitaux
immobilisés, par la crainte de poursuites judiciaires : un
traité de pacification n'est-il pas un concordat ? en droit,
malheureusement, il faut savoir contenir les élans de
l'imagination, et n'employer les mots que dans leur
sens technique ».

1. L'approbation des créanciers était inutile, si on admet comme
nous qu'il n'y avait pas là un véritable concordat, mais une transaction, car le syndic peut agir seul dans ce cas, aux termes de l'article 487.

CHAPITRE II

DE L'UNION

Lorsque le concordat n'a pu être voté ou a été rejeté, la société faillie se trouve par cela même en état d'union. C'est là aussi la seule solution possible, en vertu de l'opinion par nous émise, pour les faillites de sociétés dissoutes ou nulles. On devra alors liquider le patrimoine social conformément aux règles du droit commun. Les créanciers sociaux se partageront seuls l'actif social réalisé. Parmi les législations étrangères, le Code Espagnol seul décide (art. 927) « que les créanciers personnels des associés dont les droits sont antérieurs à la constitution de la société, concourent avec les créanciers sociaux ». Ce sont les règles des faillites ordinaires qui s'appliqueront, et nous n'allons avoir ici que quelques particularités à signaler.

a. — Une société en état d'union peut être considérée comme une société dissoute ; or, nous déciderons, en vertu du principe « que la société dissoute se survit à elle-même pour les besoins de la liquidation, » que la femme d'un associé devenu commerçant plus d'un an après le mariage, n'aura pas d'hypothèque légale sur les immeubles sociaux [1] pour une part correspondant au

1. On sait en effet que c'est seulement dans cette hypothèse que

droit du mari associé dans l'actif social. La personnalité
morale de la société subsiste : le mari associé n'est pas
copropriétaire des immeubles sociaux; son droit est
purement mobilier ; les créanciers sociaux continuent
à avoir leur droit de préférence sur le fonds social.

b. — Après le désintéressement des créanciers privilégiés et hypothécaires, les créanciers sociaux concourent en règle générale au marc le franc. Cette règle de
l'égalité devant le gage souffrira pourtant une exception
dans l'hypothèse, pratique à notre époque [1], où une
société par action a décrété la réduction de son capital,
pour mettre désormais ses membres à l'abri d'une poursuite en complément de versement. Cette délibération
est valable, mais ne peut nuire aux créanciers qui ont
déjà traité avec la société sur la foi du capital promis.
En conséquence, si la faillite vient à être déclarée dans
la suite, ces créanciers antérieurs à la réduction du
capital auront seuls droit au produit des appels de fonds
sur lesquels ils ont dû compter. Il est juste de retenir
à leur égard la dette des actionnaires selon son chiffre
primitif. Les créanciers postérieurs à la réduction ne
sauraient au contraire avoir droit que sur le capital
réduit, qui formera forcément une deuxième masse
séparée de la première. Sur cette deuxième masse, tous
les créanciers antérieurs et postérieurs viendront en
concours. Ce mode de règlement a été appliqué par un

---

l'hypothèque légale frappe les immeubles acquis à titre onéreux par le
mari, et ce serait ici le cas d'une acquisition de cette nature. Si le
mari était commerçant au jour du mariage ou l'est devenu dans l'année l'hypothèque légale ne s'étend qu'aux immeubles du mari au jour
du mariage ou à ceux acquis depuis par succession ou donation ; la
part sociale du mari étant une acquisition à titre onéreux l'hypothèque ne peut la frapper.

1. Thaller, *Revue critique* 1886, p. 283.

jugement du tribunal de commerce de la Seine, du 4 novembre 1884 [1].

c. — Nous mentionnerons enfin une application particulière, faite en matière de faillite de société par actions, de l'article 570 (C. com.), par la Cour de Paris [2]. Elle a décidé que l'union représentée par l'assemblée des créanciers, pouvait valablement céder à forfait la créance sociale contre les actionnaires, en paiement du non-versé sur les actions. Cette cession aura lieu conformément aux règles de la cession de créance en droit commun.

1. Paris, 13 janvier 1885, *J. des trib. de comm.*, p. 153 et 334.
2. Paris, 4 mars 1886, *J. d. soc.*, p. 653 et suiv. A propos de l'Union générale.

CHAPITRE III

a. Banqueroute. — Les déchéances et les pénalités qu'entraînent la banqueroute ne peuvent évidemment atteindre qu'une personne physique et non une entité juridique comme est une société.

Aussi dans les sociétés en nom collectif et en commandite, les associés en nom et les commandités étant en faillite à la suite de la faillite sociale, pourront être déclarés seuls banqueroutiers simples ou frauduleux conformément au droit commun.

Dans les sociétés anonymes au contraire les gérants n'encourent pas la faillite ils ne pourront pas, par conséquent, encourir la banqueroute. Il est injuste que, quand ils ont commis les faits prévus par les art. 585, 586, 591, ils ne subissent pas au moins les peines de la banqueroute ou d'autres analogues. Le nouveau projet de la loi sur les sociétés, nous l'avons déjà indiqué, donne en partie satisfaction à cette idée de justice dans son article 102. On marche ainsi sur les traces du droit étranger où cette répression existe déjà ; notamment en droit Allemand (art. 214) et dans le Code Italien (article 863).

b. Réhabilitation. — La réhabilitation doit pouvoir

être obtenue par les associés en nom collectif et par les commandités qui auront encouru la faillite à la suite de celle de la société. Ils devront pour y avoir droit payer intégralement, comme tout failli, non seulement le dividende promis par le concordat, mais tout le capital augmenté des frais et des intérêts. Seulement, comme ces personnes sont obligées personnellement, l'associé failli qui voudra se faire réhabiliter, ne pourra y arriver, aux termes de l'article 604 (2ᵉ al.), qu'après avoir justifié que toutes les dettes de la société ont été intégralement acquittées; et cela lors même qu'il aurait obtenu un concordat particulier. On n'exige pas d'ailleurs que les dettes aient été acquittées par le failli lui-même qui veut se faire réhabiliter, il suffit qu'elles l'aient été par n'importe qui, même par les autres associés. Mais il faudra toutefois que le failli ait payé toute sa part dans les dettes sociales. En effet tant que ce paiement n'aura pas été effectué, cet associé sera soumis à un recours de ses coassociés pour la part qu'ils ont payée en trop, et il ne sera pas vrai de dire qu'il a intégralement désintéressé ses créanciers [1].

1. Conf. Demangeat sur Bravard, t. VI, p. 162 ; Lyon-Caen et Renault, *op. cit.*, t. II, p. 994.

POSITIONS

CODE CIVIL

1° Le droit à la séparation des patrimoines est un véritable privilège.

2° L'ascendant donateur n'a aucun droit de retour sur l'immeuble acquis en échange de l'immeuble donné.

3° La femme mariée en communauté ou bien sous le régime dotal n'est pas fondée à demander la séparation de biens en raison de l'interdiction prononcée contre son mari.

4° La femme commune exerce ses reprises lors de la dissolution de la communauté en qualité de créancière.

DROIT ROMAIN

1° Même sous Dioclétien la *filiafamilias* était incapable de s'obliger.

2° A Rome la femme ne fut jamais propriétaire de la dot.

3° Le vendeur doit manciper les choses *mancipi*.

4° L'action *auctoritatis* était une àction pénale fondée sur un délit spécial.

13

DROIT COMMERCIAL

1° La provision appartient au porteur.

2° L'article 444 (C. com.) ne s'applique pas aux créanciers hypothécaires ou privilégiés ayant des créances à terme.

DROIT INTERNATIONAL

1° La naturalisation obtenue par le mari n'entraîne pas un changement de nationalité pour la femme.

. 2° L'état et la capacité de l'étranger se trouvant sur le sol Français sont gouvernés en France par sa loi personnelle.

Vu par le président de la thèse
J. LAURENS

Vu : le Doyen de la Faculté de Droit
VIGIÉ

Permis d'imprimer :
Montpellier, le 3 août 1887,
Le Recteur,
Correspondant de l'Institut,
G. CHANCEL.

TABLE DES MATIÈRES

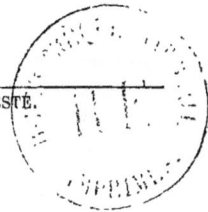

Châteauroux. — Typ. et Stéréotyp. A. MAJESTÉ.

CHATEAUROUX. — IMPRIMERIE A. MAJESTÉ

www.ingramcontent.com/pod-product-compliance
Lightning Source LLC
Chambersburg PA
CBHW070532200326
41519CB00013B/3016